Helena Tonetto e Ângela Tonetto

ALIMENTAÇÃO SAUDÁVEL

L&PM POCKET
GASTRONOMIA

Coleção **L&PM** POCKET, vol. 342

1ª edição na Coleção **L&PM** POCKET: outubro de 2003
Esta reimpressão: maio de 2010

Organização e informações nutricionais: Mariana Marroni Burmeister – Nutricionista Supervisora de Atendimento ao Cliente Substância Light (CRN 4045)
Capa: Fabian Gloeden
Revisão: Renato Deitos, Jó Saldanha e Flávio Dotti Cesa

ISBN 978-85-254-1310-9

T664a Tonetto, Helena
 Alimentação saudável / Helena Tonetto /e/
Ângela Tonetto – Porto Alegre : L&PM, 2010.
 176 p. ; 18 cm. – (Coleção L&PM POCKET)

 1.Alimentos-Aspectos nutricionais- Receitas.
 2.Gastronomia-Receitas. 3.Tonetto, Ângela. I.Título.
 II.Série.

 CDU 641.561(083.12)
 641.1(083.12)

Catalogação elaborada por Izabel A. Merlo, CRB 10/329.

© Ângela e Helena Tonetto, 2003
 www.substancia.com.br

Todos os direitos desta edição reservados a L&PM Editores
Rua Comendador Coruja 314, loja 9 – Floresta – 90.220-180
Porto Alegre – RS – Brasil / Fone: 51.3225.5777 – Fax: 51.3221-5380

Pedidos & Depto. Comercial: vendas@lpm.com.br
Fale conosco: info@lpm.com.br
www.lpm.com.br

Impresso no Brasil
Outono de 2010

APRESENTAÇÃO

Todos queremos ser felizes e passar bem longe do sofrimento. Segundo a tradição budista, por exemplo, devemos silenciar a mente e praticar a meditação em busca de um estado de espírito positivo. O pensamento positivo leva-nos a encarar a vida com um sorriso contagiante, mas, principalmente, nos ajuda a abrir a mente. Mente quieta, espinha ereta e coração tranqüilo, apesar de ser um refrão de uma geração anterior à minha, sempre me cativou pela simplicidade e profundidade da sua mensagem. Esses três elementos podem ser os ingredientes básicos para a felicidade, mas eu acrescentaria mais um: o conhecimento. O conhecimento, em todas as suas formas, é o alimento da nossa alma, a substância do nosso ser. Precisamos cada vez mais aprender a nos relacionar e a entender a natureza, precisamos aprender o valor da compaixão, o valor do equilíbrio, precisamos conhecer o nosso corpo e suas necessidades... precisamos da ciência. Essa, quando alinhada a um estado positivo da mente, pode nos ajudar, e muito, a ser mais felizes. Com a ciência podemos entender melhor as leis do universo que regem tudo (inclusive o nosso corpo), podemos entender a importância do equilíbrio entre o corpo, a mente e o espírito. Por capricho do destino, cruzei o meu caminho profissional com a Helena e a Ângela Tonetto, diretoras da *Substância*, e o seu conhecimento apurado em alimentação para uma vida saudável. Além da extrema competência empresarial, as irmãs Tonetto acabaram criando uma forma de encarar o alimento muito além do já manjado estilo "light". Descobri que, por trás de tudo que fazem, existe uma filosofia de viver mais e melhor e ciência, muita ciência. Pode parecer frio, mas não é. Todo alimento elaborado por elas é extremamente calculado, para oferecer o máximo em sabor e nutrientes e o mínimo em calorias. Perfeito! Nesse livro, elas nos mostram um pouco desse universo em dicas práticas e receitas que, se seguidas com a regularidade necessária, nos conduzem sem dúvida a uma vida melhor. Se você já alimenta a sua mente e o seu espírito, este valioso livro pode ser o complemento ideal para a substância do seu ser. Boa leitura.

Fabian Gloeden*

---

* Publicitário, Sócio e Diretor de Criação da Marte Comunicação de Marca.

SUMÁRIO

Apresentação/ 5
Palavras das autoras/ 9
A nova pirâmide alimentar/ 11
Exercício físico/ 15
Carboidratos integrais x refinados/ 18
Fibras alimentares/ 21
Água – O elemento vital/ 26
Gorduras/ 29
Gorduras trans/ 32
Azeite de oliva/ 34
As gorduras necessárias/ 37
Hortaliças, as aliadas preciosas/ 42
Saladas/ 46
Frutas frescas/ 50
Frutas secas/ 54
Frutas oleaginosas/ 56
Sucos/ 59
Uma alimentação saudável eliminando os radicais livres/ 62
Antioxidantes – ABC da longevidade / 64
Alimento funcional/ 81
Eliminando as toxinas/ 95
Pele bela x alimentação/ 98

Celulite x alimentação/ 101
Rejuvenescimento/ 104
Estresse x alimentação/ 108
Alimentação no inverno/ 112
Alimentação no verão/ 115
Gravidez e amamentação/ 118
TPM/ 122
Alimentação na maturidade/ 126
Açúcar refinado e amido/ 129
Índice glicêmico/ 132
Light x Diet/ 135
Adoçantes/ 139
Eu só quero chocolate... / 142
Diabetes Mellitus/ 145
Colesterol/ 148
Molhos e caldos light/ 151
Bibliografia/ 156
Sobre as autoras/ 159
Índice geral/ 160
Índice alfabético de receitas / 163

PALAVRAS DAS AUTORAS

Nos dezessete anos da nossa empresa de alimentação saudável, a *Substância*, sempre mantivemos um canal de contato com os nossos consumidores, a fim de abastecê-los também de substância informativa. Durante esse tempo, notamos um crescente interesse no assunto, muito além da tendência mundial de cuidar mais do corpo e da aparência.

O que deu pra perceber é que as pessoas querem viver melhor e mais e, felizmente, estão descobrindo que a alimentação é uma das peças-chaves desse jogo. A cada dia surgem novas "fórmulas milagrosas" em termos de alimentação que são divulgadas pela mídia e, para o desespero de muitos, algumas vezes parecem contradizer as suas antecessoras. Não podemos negar que a ciência está avançando no sentido de nos ajudar a realizar o sonho de uma vida melhor, mas precisamos ser cautelosos e não nos atirar em qualquer modismo. Dúvidas não faltam sobre esse assunto. Por isso resolvemos prestar um serviço importante às pessoas que querem uma vida mais saudável, mas ainda não sabem o que é verdade e o que é mito em relação à alimentação. Nas próximas páginas, você vai encontrar uma compilação prática sobre as questões mais importantes para uma alimentação plena. Afinal, são dezessete anos de estudos aprofundados, que nos possibilitam distinguir o que é relevante dentro desse universo para melhorar a sua vida. Neste livro, encontram-se informações que você precisa muito saber, além de dicas e receitas para exemplificar como é possível aliar o sabor à qualidade nutricional. Queremos deixar aqui nosso agradecimento especial ao apoio técnico dado pela nutricionista Mariana Burmeister para este livro. Bom proveito.

A NOVA PIRÂMIDE ALIMENTAR

A pirâmide alimentar (vide p. 14) foi projetada para ensinar os conceitos de variedade e moderação, para a introdução de alimentos em quantidades adequadas, melhoria da saúde e manutenção do peso. Foi desenvolvida para uso da população saudável e pode ser modificada para diferentes idades e grupos étnicos.

Os alimentos do topo devem ser consumidos com moderação. São os carboidratos refinados, como arroz branco, pão branco, batata, macarrão e doces. Não são tão benéficos para o corpo, pois elevam rapidamente a glicose sanguínea. A manteiga e a carne vermelha também estão destacadas no topo da pirâmide.

Os alimentos do quinto grupo, logo abaixo do topo, são os laticínios, que devem ser consumidos somente de 1 a 2 vezes por dia.

No quarto grupo estão os peixes, frango e ovos, que são indicados até 2 vezes ao dia.

No terceiro grupo encontram-se as castanhas, amendoins, feijão, ervilha e grão-de-bico. O consumo indicado é de 1 a 3 vezes ao dia.

No segundo grupo estão as verduras e legumes, que podem ser consumidos em abundância, e as frutas, de 2 a 3 vezes por dia.

No primeiro grupo encontra-se o bom carboidrato nos grãos integrais, que devem fazer parte da maioria das refeições, 4 vezes ao dia. Os óleos vegetais também estão em destaque, seu consumo diário deve ser de até 2 colheres (sopa – 15ml no total) por dia.

E, por fim, ganharam a base da pirâmide alimentar os exercícios diários e o controle de peso, que são os mais importantes.

Dica
- Substitua o arroz branco pelo integral.

Receita light
PÃO DE ABÓBORA E MORANGA
20 porções – 130kcal por porção

Ingredientes para a massa:
1 tablete de fermento biológico
¼ de xícara (chá) de leite desnatado morno
2 colheres (sopa) de óleo vegetal
1 xícara (chá) de abóbora-moranga cozida e amassada
½ xícara (chá) de amido de milho

3 xícaras (chá) de farinha de trigo integral
1 ovo

Para o recheio:
200g de queijo-de-minas light
sal a gosto
1 colher (sopa) de orégano
1 colher (sopa) de óleo vegetal

Modo de preparo: Preaqueça o forno. Numa vasilha, dissolva o fermento no leite. Misture o óleo, o ovo e a abóbora. Aos poucos, acrescente o amido de milho e a farinha. Amasse até que a massa desgrude das mãos. Deixe descansar até dobrar o volume. Corte o queijo em cubos e tempere com sal e o orégano. Abra a massa numa fôrma untada, distribua o recheio e enrole como rocambole. Pincele com óleo. Deixe descansar por 30 minutos. Leve ao forno preaquecido por 40 minutos.

PIRÂMIDE DOS ALIMENTOS HARVARD

Fonte: Eat, Drink and Be Healthy, de Walter Willet

EXERCÍCIO FÍSICO E CONTROLE DE PESO

O exercício físico é vital para o emagrecimento, pois eleva o gasto de calorias e ajuda a controlar o apetite. Melhora a aparência do corpo, pelo aumento dos músculos e a diminuição da gordura corporal. Uma quantidade aumentada de músculos está relacionada com maior gasto calórico pelo corpo.

Além disso, os exercícios dão flexibilidade, resistência, ajudam a manter os ossos saudáveis, melhoram o desempenho cardiovascular, respiratório, digestivo; ajudam a reduzir os níveis de colesterol e a pressão arterial, fortificam a pele e tornam seu sono tranqüilo.

A prática de exercícios libera endorfinas – substâncias tranqüilizantes que aliviam a dor e dão uma sensação de bem-estar. Também diminui o estresse, a depressão e a ansiedade. Aumenta a produção do hormônio do crescimento – o chamado hormônio "da juventude", que constrói músculos –, reduz o hormônio do estresse e aumenta a vitalidade, conferindo um ar mais jovem à pessoa.

Há sempre um tipo de exercício que combine com você. Escolha um de que você goste e lhe dê prazer e comece a praticar. Mas antes de iniciar consulte um médico ou educador físico.

E lembre-se: a prática do exercício físico não está relacionada com a liberação de doces, guloseimas e alimentos gordurosos. Pelo contrário, uma alimentação equilibrada em carboidratos, proteínas, gorduras, vitaminas, minerais, fibras e água é essencial para a qualidade do exercício e de vida.

CALORIAS GASTAS DURANTE 1 HORA DE EXERCÍCIO POR UMA PESSOA DE 60KG:

Musculação	252kcal
Caminhada	318kcal
Dança	342kcal
Tênis	384kcal
Natação	462kcal
Corrida	558kcal

Fonte: *Guia de Nutrição Desportiva*

Dicas

- Se você pretende começar a se exercitar, inicie lentamente, 10 minutos, 3 vezes por semana, e aumente gradualmente o tempo e a intensidade.

- Não pratique exercícios de estômago vazio. Faça um lanche 1 hora antes para melhorar o rendimento. As opções são: uma porção de fruta, vitamina, iogurte light, sanduíche light, barra de cereal sem chocolate ou biscoitos sem recheio e sem gordura.

- No exercício, o corpo transpira, sendo importante ingerir água antes, durante e após, num total de 1 litro. Devemos ficar atentos, pois a necessidade de água aumenta, já que os músculos são tecidos bem mais hidratados que os tecidos adiposos (gorduras).
- Se você tem uma agenda lotada e por falta de tempo não está praticando exercício, a sugestão é substituir uma atividade menos importante, como assistir televisão, por um exercício.

Receita light
VITAMINA COM GERME DE TRIGO
Rende 2 copos – 133kcal

Ingredientes:
150ml de suco de laranja
1 banana média picada
2 colheres (sopa) de germe de trigo
adoçante a gosto

Modo de preparo: Bata os ingredientes no liquidificador e adoce.

CARBOIDRATOS INTEGRAIS X REFINADOS

Os carboidratos são compostos orgânicos essenciais para dar energia ao corpo. São divididos em amidos e açúcares e podem ser integrais ou refinados.

Os carboidratos integrais são benéficos para a saúde, desde que consumidos com equilíbrio. Possuem farelo, fibras, germe, vitaminas e minerais e apresentam fitoquímicos com qualidades anticancerígenas. Além desses benefícios, dão maior saciedade, se comparados aos refinados, pois apresentam fibras, farelos e mais proteínas.

Já os refinados, junto com as gorduras saturadas, estão sendo excluídos da alimentação, pois são os responsáveis pelo crescimento da obesidade e diabetes. Eles são processados e perdem o farelo, fibras, germe, vitaminas, minerais e, principalmente, seu poder antioxidante de prevenir doenças. Como os refinados não contêm nutrientes que causam saciedade, passamos a consumi-los em maior quantidade, ingerindo assim mais calorias que o necessário. Os carboidratos refinados, como o pão branco, podem ser comparados ao açúcar, pois são rapidamente digeridos e absorvidos, aumentando a glicose sanguínea, a insulina e o peso corporal.

Dicas

- Não é preciso manter distância dos doces e carboidratos refinados, vale ter bom senso e equilíbrio no consumo. Uma boa opção são os light, doces com menos açúcar, e carboidratos refinados de baixas calorias.
- Introduza o carboidrato integral na sua alimentação diária: basta substituir três porções de carboidrato refinado pelo integral.
- No café-da-manhã, use cereais, bolachas ou pães integrais.
- No almoço, arroz ou massa integral.

Receita light
SPAGUETTI INTEGRAL COM COGUMELOS

Rende 2 porções – 100kcal a porção

Ingredientes:
100g de spaguetti integral
200g de cogumelo shitaki

2 colheres (sopa) de cebolinhas picadas
1 colher (sopa) de molho shoyu
1 colher (sopa) de azeite de oliva
1 colher (chá) de sal
1 folha de papel-manteiga

Modo de preparo: Ferva 2 litros de água com sal. Aqueça o forno em temperatura de 180 graus. Lave os cogumelos com bastante água corrente. Reserve. Coloque os cogumelos, a cebolinha picada e o shoyu no centro do papel-manteiga. Dobre o papel fazendo um envelope e aperte bem as pontas para que o molho não vaze. Leve ao forno preaquecido por 20 minutos. Cozinhe os spaguetti na água fervente. Retire os cogumelos do forno, coloque-os num prato e misture com o azeite de oliva. Escorra os spaguetti e logo após acrescente os cogumelos.

FIBRAS ALIMENTARES

As fibras são encontradas nos vegetais, frutas, leguminosas e cereais integrais. Não são digeridas no nosso organismo, portanto não são absorvidas.

Consumir fibras é benéfico para prevenção ou tratamento de diabetes, obesidade, câncer de intestino, colesterol elevado e constipação, sendo um grande auxiliar no emagrecimento.

Atualmente a recomendação de consumo de fibras para adultos sadios é de 20 e 35g, divididas em 6 refeições diárias. Para atingir essa recomendação é necessário consumir alimentos ricos em fibras. Inclua 1 porção de frutas, verduras cruas, legumes pouco cozidos, leguminosas ou cereais integrais em cada refeição.

As fibras podem ser classificadas em solúveis e insolúveis. Essa classificação é importante, pois as fibras solúveis possuem funções diferentes das fibras insolúveis.

FIBRAS SOLÚVEIS

As fibras solúveis dissolvem-se na água e tornam-se pegajosas. Elas ficam mais tempo no estômago, aumentam a saciedade e, com isso, imediatamente diminuímos o consumo de alimentos e de calorias. Por este motivo, são ótimas para o emagrecimento.

Além disso, diminuem os níveis de açúcar no sangue e a necessidade de insulina, tendo um papel importante na alimentação de pessoas com diabetes.

Combinadas a uma dieta com baixo teor de gordura, reduzem o colesterol, prevenindo doenças do coração. No intestino, as fibras solúveis ligam-se ao colesterol, que é eliminado naturalmente através das evacuações.

Suas principais fontes são: verduras, legumes, frutas (polpa de maçã, laranja e banana), farelos (aveia, cevada, arroz, trigo, milho), feijão, lentilha e ervilha.

Dica
- Quando aumentar o consumo de fibras, aumente a ingestão de líquidos, principalmente água.

Receita light
PANQUECA DE AVEIA
Rende 6 porções – 100kcal a porção

Ingredientes da massa:
½ xícara (chá) de leite desnatado
2 claras
1 colher (chá) de azeite de oliva
4 colheres (sopa) de aveia em flocos grossos
2 colheres (sopa) de farinha de trigo
1 pitada de sal

Ingredientes do recheio:
200g de ricota
1 colher (sopa) de salsa picada

Ingredientes do molho:
1 cebola picada
3 tomates sem pele e sem semente picados
1 colher (sopa) de manjericão picado

Modo de preparo: Bata no liquidificador os ingredientes da massa. Esquente uma frigideira antiaderente. Acrescente o azeite de oliva e espalhe. Coloque um pouco da massa e deixe dourar de um lado. Vire e deixe dourar. Faça panquecas até acabar a massa. Reserve. Misture os ingredientes do recheio. Para o molho, misture os ingredientes em uma panela e leve ao fogo por 10 minutos. Coloque um pouco do recheio nas panquecas e enrole. Cubra com o molho e leve ao forno quente até dourar.

FIBRAS INSOLÚVEIS

As fibras insolúveis não se dissolvem na água e nem com a mastigação. Elas retêm água e aumentam a velocidade do movimento intestinal, reduzindo o tempo de contato com agentes cancerígenos. Além disso, previnem a constipação.

Suas principais fontes são: grãos integrais, farelos (trigo, milho e aveia), cereais matinais, pão integral, nozes, amêndoas, amendoim, frutas (pêra e maçã com casca), leguminosas e verduras.

Dica
- Utilize pães e cereais integrais em vez de pão branco e cereais refinados.

Receita light
ARROZ VEGETARIANO
Rende 4 porções – 100kcal a porção

Ingredientes:
½ colher (sopa) de azeite de oliva

½ cebola picada
1 cenoura cortada em cubos pequenos
1 abobrinha média cortada em cubos
½ xícara (chá) de milho
1½ talo de salsão cortado em fatias finas
1 xícara (chá) de arroz integral
500ml de caldo de legumes quente
½ tomate médio picado sem sementes
½ colher (sopa) de salsinha
sal e pimenta a gosto

Modo de preparo: Lave o arroz. Retire uma fatia larga da casca da abobrinha e despreze toda a parte interior com as sementes. Corte as fatias em tiras e depois em cubos. Coloque o caldo de legumes numa panela e leve ao fogo para esquentar. Ponha o azeite e a cebola numa panela e refogue por cerca de 2 minutos. Acrescente o arroz na panela e refogue por mais 1 minuto. Coloque o caldo fervendo, misture bem, abaixe o fogo e tampe a panela. Cozinhe por 35 minutos. Retire a tampa da panela, acrescente os ingredientes restantes e mexa delicadamente. Se for necessário, acrescente um pouco de água. Cozinhe até que o arroz esteja pronto.

ÁGUA – O ELEMENTO VITAL

Depois do oxigênio, a água é a substância mais importante para a manutenção da vida. Corresponde a 60% do peso saudável de um adulto. Todos os tecidos (órgãos) do corpo funcionam a plena capacidade quando bem hidratados.

Funções da água no corpo

Hidratação.
É utilizada na digestão, absorção e transporte de nutrientes.
Limpeza interna das células: carrega as toxinas e impurezas.
Manutenção da temperatura corporal.
Antienvelhecimento: melhora a maciez da pele, evitando as rugas.
Aumenta os movimentos intestinais.
Auxilia no emagrecimento.

Por que nenhum líquido pode substituir a água

A água apresenta uma absorção mais rápida, se comparada aos outros líquidos.

Café, refrigerante, chá preto, chimarrão e mate são diuréticos e possuem cafeína, um estimulante natural que ativa a circulação. O limite diário recomendável de cafeína para uma pessoa saudável é 200mg. Veja o quanto você está ingerindo de cafeína diariamente:

1 xícara de chá preto instantâneo de 260ml pela manhã	34mg
1 copo de diet Coke no almoço	46mg
1 xícara de café expresso depois do almoço	49mg
1 tablete de chocolate à tarde	143mg
1 aspirina à noite	65mg
Total do dia	337mg

Fonte: Caderno Vida ZH

Os refrigerantes e refrescos contêm grandes quantidades de açúcar, que adicionam calorias na alimentação e provocam cáries.

Refrigerantes diet e light possuem adoçantes artificiais, aromatizantes e corantes, que não têm valor nutritivo.

Dicas

- Beba devagar e em goles pequenos.
- Conserve a água que vai beber na temperatura de 7 graus, pois ocorre melhor absorção.
- Aumente o consumo quando houver calor, fe-

bre, exercício físico, gravidez, amamentação, desidratação e frio.
- Prefira água sem gás. A gaseificada pode provocar desconforto no estômago.
- Siga o programa abaixo. Fica fácil ingerir 8 copos de água por dia:

7h – beba 1 copo de água assim que acordar, para estimular o intestino.
9h – 2º copo. Esteja sempre com uma garrafinha de água.
11h – 3º copo.
12h – Beba o 4º copo e espere meia hora para almoçar.
14h – 5º copo.
16h – 6º copo, junto com o lanche.
19h – 7º copo.
22h – 8º e último copo, com a ceia.

Receita light
ÁGUA COM HORTELÃ

Coloque pedacinhos de folha de hortelã nas forminhas de gelo com água. Quando for tomar água, refresque-a com esses cubinhos de gelo. Dão um gosto especial!

GORDURAS

As gorduras são fontes de energia. Elas são necessárias para absorver as vitaminas A, D, E e K. São classificadas em saturadas e insaturadas. Todas contêm o mesmo número de calorias, 9kcal por grama. 25% das calorias da nossa alimentação devem vir das gorduras, sendo que menos de 10% são de saturadas e 15% de insaturadas.

GORDURAS SATURADAS

São sólidas à temperatura ambiente. Podem ser encontradas na manteiga, nos laticínios gordos, sorvetes, chocolate, ovos, embutidos e carne vermelha. Elas elevam os níveis de colesterol e causam problemas à saúde.

GORDURAS INSATURADAS

São líquidas à temperatura ambiente. Auxiliam na redução do colesterol. São fontes de vitamina E e fornecem ácidos graxos essenciais, que são partes fundamentais das membranas celulares.

As gorduras insaturadas são divididas em:

Monoinsaturadas – azeite de oliva, óleo de canola, abacate, nozes e sementes.

Poliinsaturadas – Contêm 2 ácidos graxos essenciais:

Ômega 6 – encontrado no óleo de milho, soja e girassol.

Ômega 3 – encontrado nos óleos de peixes, de soja, de canola e nas nozes. (Ver capítulo exclusivo, a seguir.)

Dicas

- Restrinja o consumo de carne vermelha a 2 vezes por semana.
- Escolha carnes magras e consuma uma porção de 100g.
- Asse ou grelhe a carne.
- Evite frituras. Se fizer, não reutilize o óleo.
- Utilize queijo com baixo teor de gordura, leite e iogurte desnatados.
- Os alimentos com alto teor de gordura devem ser consumidos em porções menores.

Receita light
FRANGO AO MOLHO DE DAMASCO
Rende 4 porções – 270kcal a porção

Ingredientes:
600g de peito de frango, sem pele
1 copo de suco de laranja
20g de damascos secos
1 colher (sobremesa) de óleo vegetal
1 colher (chá) de sal

Modo de preparo: Esfregue com meio copo do suco de laranja e meia colher de sal os peitos de frango. Deixe de molho na vinha-d'alho de véspera. Pique os damascos na véspera também, coloque-os em um copo com 100ml de água e deixe na geladeira até o dia seguinte. Coloque então o frango em um prato refratário untado. Regue com o tempero, cubra com papel-alumínio e leve ao forno quente. Enquanto estiver assando, regue com o molho formado e o restante do suco de laranja. Enquanto isso, leve os damascos ao fogo, acrescente um pouco mais de água e deixe ferver até ficarem macios. Quando o frango estiver assado, retire todo o molho do prato refratário, junte com os damascos que ferveu, adicione sal a gosto, ferva rapidamente e bata no liquidificador. Leve ao fogo até ferver, apague, junte o óleo e mexa. Cubra o frango com o molho de damascos e sirva.

GORDURAS TRANS

São as gorduras poliinsaturadas líquidas que recebem adição de hidrogênio, transformando-se em gorduras sólidas.

Elas causam danos, pois endurecem a membrana da célula, tornando-a inflexível: um perigo à saúde. As gorduras trans são mais prejudiciais do que as saturadas, elas aumentam o mau colesterol e reduzem o bom. A substituição das gorduras trans por poliinsaturadas líquidas preveniria problemas de saúde como os coronarianos.

São encontradas na margarina light e tradicional, bolos, biscoitos recheados, *fast-food*, produtos industrializados como pastelarias, coberturas e recheios.

Dicas

- Utilize a margarina somente em preparações culinárias em que a gordura poliinsaturada líquida não pode ser utilizada, por não dar textura ao alimento.
- Para quem não dispensa a margarina, a alternativa está nas marcas que são produzidas com

menor proporção de gordura trans. Nos ingredientes deve estar escrito *óleos vegetais líquidos e interesterificados*.

Receita light
MUFFIN DE MAÇÃ COM RICOTA
Rende 12 porções – 118kcal a porção

Ingredientes:
1 xícara e ¼ de farinha de trigo integral
1 colher (sopa) de fermento
1 colher (café) rasa de canela em pó
1 colher (café) rasa de gengibre moído
1 xícara de farelo de aveia
3 colheres (sopa) de açúcar mascavo
1 maçã sem casca ralada
125g de ricota
2 colheres (sopa) de óleo poliinsaturado líquido
¼ de xícara de suco de maçã

Modo de preparo: Numa vasilha, peneire a farinha, a canela, o gengibre e o fermento em pó. Acrescente o farelo de aveia e o açúcar mascavo. No centro dos ingredientes secos, acrescente a maçã, a ricota, o óleo e o suco de maçã. Misture bem. Coloque a massa em forminhas para muffins untadas. Asse a 200 graus por 25 minutos ou até ficarem dourados.

AZEITE DE OLIVA

A azeitona é cultivada no Mediterrâneo, tanto pelo óleo dela extraído quanto pelo fruto, há pelo menos 6.000 anos. Na culinária contemporânea, seu consumo aumentou com a dieta mediterrânea, composta de massas, peixes, legumes e verduras.

O azeite de oliva é considerado um ingrediente vital em muitas receitas, pois acrescenta sabor, textura e aroma, características que identificam seu território e clima.

Na alimentação, os benefícios do azeite de oliva são: a eficiência na redução do mau colesterol; a diminuição da pressão arterial; o efeito cardioprotetor e o poder antioxidante, por ser rico em vitamina E.

Os melhores azeites são, em geral, da Itália, Espanha, Portugal, França e Grécia. Sua qualidade é medida pelo teor de acidez e pureza que apresenta, e este depende da maneira como a azeitona é colhida e prensada.

Extravirgem – o mais nobre de todos
Tem no máximo 1% de acidez.

Resulta da primeira prensagem a frio da azeitona madura e preta, colhida à mão, cujo suco tem de ser extraído em 24h.

Não contém misturas.

É ótimo para regar o pão, temperar pratos crus, como saladas e carpaccios.

Virgem ou clássico

Tem até 2% de acidez.

É prensado a quente.

Não tem misturas.

É bom para molho, maionese e vinagrete.

Puro ou óleo de oliva

Tem acidez abaixo de 2%.

É uma mistura do virgem com o refinado.

É indicado para frituras em geral, assados e marinados.

Refinado

Tem mais de 3% de acidez.

É indicado para frituras de imersão, porque é mais estável a altas temperaturas e é pouco absorvido pelo alimento.

Dicas

- Consuma diariamente até 2 colheres (sopa – 15ml no total) de azeite de oliva. Dê preferência ao extravirgem.

- Para manter os benefícios do azeite de oliva, não o utilize para fritura.

Receita light
ESCAROLA COM CARPACCIO

Rende 4 porções – 190kcal a porção

Ingredientes:
1 maço de escarola
1 pimentão amarelo cortado em cubos
8 tomates-cereja
4 fatias de pão de fôrma light torrado e sem casca
250g de carpaccio (40 fatias)
2 colheres (sopa) de alcaparra
2 colheres (sopa) de parmesão

Para o molho:
1 colher (sopa) de mostarda dijon
1 dente de alho picado
1 colher (sopa) de vinagre de maçã
1 colher (sopa) de azeite de oliva extravirgem
sal e pimenta a gosto
¼ de xícara de creme de leite light
½ xícara de caldo de legumes

Modo de preparo: Arrume as folhas de escarola em um prato. Ao redor, coloque o pimentão e, no centro, o tomate-cereja e as torradas. Distribua o carpaccio e, por cima, as alcaparras e o parmesão. Para fazer o molho, misture a mostarda e o alho. Junte o vinagre aquecido, o azeite de oliva, o sal e a pimenta. Por último, o creme de leite e o caldo de legumes, e bata com batedor até obter um creme.

AS GORDURAS NECESSÁRIAS

As gorduras poliinsaturadas líquidas são consideradas as mais saudáveis, pois contêm dois ácidos graxos essenciais, o ômega 3 (ácido alfa-linolênico) e o ômega 6 (ácido linoléico), que são um tipo de gordura benéfica. São conhecidos como essenciais porque não são sintetizados no organismo, necessitando ser fornecidos pela alimentação diária em quantidades semelhantes. A falta de ácidos graxos ômega 3 e o consumo desequilibrado entre ácidos ômega 3 e ômega 6 estão associados a problemas cardiovasculares, hipertensão, triglicerídeos elevados, infecções, esterilidade, atraso do crescimento, pele seca, diabete e obesidade.

Veja a sua atuação

Reduzem a pressão alta, o colesterol total e os triglicerídeos.

Aumentam o bom colesterol (HDL).

Têm efeitos cardioprotetores.

Atuam na prevenção de doenças inflamatórias.

Aumentam a imunidade.

- Têm ação antioxidante, gerando uma pele mais saudável e macia.
- Atuam no crescimento e desenvolvimento das crianças.
- Atuam na produção de hormônios sexuais.
- Atuam na formação e funcionamento das membranas das células.

Principais fontes alimentares

ÔMEGA 3

Os óleos de peixes marinhos de águas geladas são os mais ricos, como salmão, truta, atum, sardinha, arenque, bacalhau, óleos vegetais (canola e soja), sementes de linho, abóbora e nozes.

ÔMEGA 6

Sementes e óleos de milho, açafrão, soja, algodão, girassol, gergelim, canola, linho, amêndoas, castanhas e avelãs.

Dica

- Os alimentos fontes de ômega 3 devem representar 1% das calorias diárias.

  Veja a quantidade de ômega 3 por 100g de peixe (filé pequeno):

Cavala	1,8-5,1g
Arenque	1,2-3,1g
Salmão	1-1,4g
Atum	0,5-1,6g

Truta 0,5-1,6g
Bacalhau 0,2-0,3g
Linguado 0,2g
(Fonte: Revista Brasileira de Nutrição)

- O consumo de três filés pequenos desses peixes por semana seria suficiente para manter a saúde.
- O ideal são os peixes preparados em grelhas ou ensopados.
- O atum e a sardinha enlatados também valem, apenas opte pelos conservados em água.
- Para manter seus benefícios e não ficar rançoso, o óleo não deve sofrer fritura e nem ficar exposto à luz solar ou ao ar por longo período de tempo.
- Os alimentos fontes de ômega 6 devem representar 2% das calorias diárias.

Receita light
FILÉ DE SALMÃO AO MOLHO DE GERGELIM
(COM ÔMEGA 6)
Rende 1 porção – 330kcal

Ingredientes:
150g de filé salmão
sal a gosto
suco de 1 laranja

1 colher (chá) de gengibre picado
1 colher (sobremesa) de gergelim tostado
1 colher (chá) de óleo vegetal

Modo de preparo: Tempere o salmão com sal, suco de laranja, gengibre e alho e reserve por 5 minutos. Coloque-o num prato e distribua o gergelim por cima, apertando com os dedos. Numa frigideira antiaderente já aquecida, coloque o óleo e grelhe o filé por 5 minutos de cada lado. Regue-o com o caldo do tempero. Tire-o da frigideira e deixe o caldo reduzir. Coloque o caldo num prato raso e sobre este o salmão grelhado pronto para servir.

Receita light
SALMONE ALEQUINO
(COM ÔMEGA 3)
Rende 2 porções – 198kcal a porção

Ingredientes:
300g de filés de salmão
1 colher (chá) de sal
pimenta-do-reino branca
1 limão
2 colheres (sopa) rasas de gengibre fresco
2 colheres (sopa) de água fria
¼ de xícara de suco de limão
5 colheres (sobremesa) rasas de mel de laranja

1 colher (sopa) cheia de abobrinha italiana picada
3 colheres (sopa) cheias de pimentão vermelho picado
3 colheres (sopa) cheias de pimentão amarelo picado
2 colheres (sopa) cheias de cebola roxa picada
2 colheres (sopa) rasas de manga picada
2 colheres (sopa) rasas de abacaxi picado
2 colheres (sopa) de salsa crespa
1 colher (sopa) rasa de cominho fresco
1 colher (sobremesa) de azeite de oliva
vinagre balsâmico para decorar

Modo de preparo: Limpe os filés de salmão, tempere com sal, pimenta e limão. Grelhe com azeite de oliva, até ficar no ponto. Coloque a água para ferver com o gengibre e deixe reduzir. Coe o gengibre e adicione na água o suco de limão e o mel. Deixe ferver para reduzir novamente. Corte os legumes e as frutas em cubos de 0,5cm. Deixe escorrer. Tempere com suco de limão, salsa, cominho, sal, pimenta-do-reino e azeite de oliva. Coloque os legumes e as frutas dentro de um arco no próprio prato em que será servido o salmão. Retire o arco do prato e coloque o salmão sobre os legumes e as frutas já moldados. Decore com vinagre balsâmico e sirva.

HORTALIÇAS, AS ALIADAS PRECIOSAS

Apresentam alto valor de nutrientes e de água, e baixo teor de gordura. Contribuem para a saciedade, boa digestão, emagrecimento e proporcionam uma pele saudável. As hortaliças verdes e amarelo-alaranjadas são fontes de provitamina A (caroteno), podendo cobrir 65% das exigências desta vitamina quando são servidas em 2 refeições diárias. Quando consumidas cruas são ótimas fontes de vitamina C, complementando as cotas fornecidas pelas frutas cítricas. As hortaliças são ricas em fibras e contêm vitaminas do complexo B, minerais como o ferro, cálcio, potássio, magnésio e outros indispensáveis ao corpo.

As hortaliças podem ser classificadas em grupos A, B, C. Esta classificação permite uma flexibilidade nas dietas de emagrecimento, substituindo as hortaliças do mesmo grupo, umas pelas outras, sem alterar o valor calórico da dieta. As hortaliças se comparam somente em relação às calorias, e não ao valor de minerais e vitaminas, em que cada uma possui características próprias.

Grupo A – Pelo seu baixo conteúdo calórico, os alimentos deste grupo podem ser ingeridos sem restrições, porque o número de calorias é utilizado pelo corpo no processo de digestão. Média de 20kcal por 100g. Exemplos: abobrinha, agrião, aipo, alcachofra, alface, broto de alfafa, aspargo, berinjela, brócolis, couve, couve-flor, espinafre, mostarda, palmito, pepino, pimentão, rabanete, repolho, salsa, tomate, endívia, escarola e cogumelos.

Grupo B – Calorias consideráveis, contêm cerca de 40kcal por 100g. Abóbora, beterraba, cenoura, chuchu, ervilha verde, nabo, quiabo e vagem.

Grupo C – Calorias mais elevadas, com mais de 80kcal por 100g. Aipim, batata, batata-doce, inhame, mandioca e milho verde.

A Organização Mundial da Saúde recomenda consumir de 3 a 5 porções (400g) por dia. Podem ser consumidas cruas, em saladas, cozidas ao vapor ou em sucos frescos. O consumo diário de hortaliças evita a incidência de muitos males no organismo.

Dica

- Compre hortaliças da estação, escolha as de cores escuras e coloridas, são repletas de nutrientes antioxidantes e clorofila (fitoquímico), que protegem sua saúde.

- Tomates vermelhos, pimentões verdes, cenouras laranjas e alfaces escuras ultrapassam nutricionalmente aquelas hortaliças mais pálidas.
- Os vegetais que possuem sabor amargo são os que proporcionam maiores benefícios para a saúde.

Receita light
MINESTRONE
Rende 8 porções – 180kcal a porção

Ingredientes:
2 colheres (sopa) de azeite de oliva
3 dentes de alho amassado
1 cebola moída ou ralada fino
1 batata grande cortada em cubos
1 cenoura cortada em cubos
2 abobrinhas cortadas em cubos
100g de vagens sem as pontas e cortadas em fatias
2 colheres (sopa) de salsa picada
1 colher (sopa) de manjericão picado
1 colher (chá) de orégano
3 colheres (sopa) de massa de tomate
6 xícaras de caldo de galinha
pimenta a gosto
1 xícara de feijão branco cozido
100g de espaguete
½ repolho cortado em tiras

Modo de preparo: Aqueça o azeite em uma panela grande. Refogue o alho e a cebola. Junte a batata, a cenoura, as abobrinhas e a vagem. Cozinhe por 4 minutos. À parte, misture a salsa, o manjericão, o orégano, a massa de tomate e o caldo. Acrescente aos legumes da panela. Tempere com pimenta a gosto. Tampe e deixe cozinhar por 30 minutos, ou até os legumes ficarem cozidos. Acrescente o feijão e deixe ferver, junte o espaguete e cozinhe por mais 20 minutos. Um pouco antes de terminar o cozimento, acrescente o repolho.

SALADAS

Apreciadas por suas cores, formas e benefícios nutricionais, as saladas merecem lugar de destaque na alimentação de quem deseja se manter saudável.

Se você se interessa pelo controle da ingestão de calorias e gorduras, preste atenção no preparo da salada. Uma salada de alface, que começa como uma simples entrada com baixo teor calórico, pode transformar-se rapidamente em uma refeição principal se adicionarmos queijos, grãos, sementes, tomates secos, nozes, frutas secas, carnes, embutidos, pães torrados e molhos.

As saladas devem ser consumidas no começo das refeições, pois causam saciedade, fazendo com que se coma uma quantidade equilibrada, evitando exageros.

Lembre-se de que o consumo de salada deve ser diário e sempre será considerado um hábito alimentar correto.

Dicas

- Dê preferência às hortaliças do grupo A (veja no capítulo anterior os grupos).
- Utilize queijos como ricota, de cabra, mozarela de búfala ou de minas e no máximo 20g por salada.
- O arroz integral, trigo integral, nozes, amêndoas, castanhas, amendoim, linhaça ou gergelim podem fazer parte da salada, desde que seja somente um salpico.
- Se for usar tomates secos, deixe o óleo escorrer, passe-os em água corrente e acrescente no máximo 2 unidades por salada.
- As frutas secas apresentam igual ou maior número de calorias que as frutas frescas.
- Se quiser variar a salada com carnes e embutidos, prefira frango, atum em água e sal, peru defumado, kani kama ou presunto de parma. Depois de montar a salada, coloque o ingrediente escolhido acima somente para dar um leve toque.
- Torre os pães sem gordura, corte-os em quadradinhos e distribua um pequeno punhado sobre a salada.
- Substitua o molho e a nata por molho de iogurte. Medida: 1 colher (sopa) por salada. (Ver receita p. 151.)

- Os óleos de oliva e canola são saudáveis para o coração, mas comprometem o teor calórico das saladas. Utilize no máximo 1 colher (sobremesa) de óleo por salada.
- Use ervas aromáticas e outras especiarias, como a salsa, cebolinha verde, manjericão, orégano, molho shoyu e suco de limão. Dão sabor e deixam as saladas mais leves.

Receita light
SALADA SUBSTÂNCIA
Rende 2 porções – 54kcal a porção

Ingredientes:
2 sticks de kani kama
4 folhas grandes de alface americana
2 folhas grandes de radicchio vemelho
2 folhas grandes de alface mimosa
2 palitinhos crocantes
gergelim preto para decorar

Para o molho de iogurte:
1 pote de iogurte desnatado de consistência firme
2 colheres (sopa) rasas de maionese light

Modo de preparo: Cubra o fundo do prato com a alface americana, por cima acrescente a alface mimosa e por último as folhas de radicchio rasgadas. Corte cada unidade de kani kama em 8 fatias finas e distribua sobre a salada, mais 2 colheres do molho de iogurte light (ver a seguir) e os palitinhos crocantes. Para deixar a salada mais atraente, salpique gergelim preto sobre ela. Faça o molho de iogurte misturando no liquidificador os ingredientes indicados.

FRUTAS FRESCAS

As frutas possuem características especiais. São coloridas, polposas, têm aroma próprio, podem ser ricas em sucos, e muitas têm sabor doce e agradável.

Em geral, contêm:

· 85% de água;

· 5 a 20% de açúcares naturais. O seu consumo é uma das formas mais rápidas de alimentar as células;

· Alto valor de antioxidantes, como as vitaminas C e provitamina A;

· Minerais, como potássio, essencial na prevenção da hipertensão;

· Muitas fibras;

· Baixo teor de proteína e gordura, exceto o abacate, que contém 16% de gordura;

· Enzimas, que são elementos vitais;

· Princípios que energizam e limpam o corpo;

· Bioflavonóides, que protegem contra o câncer e problemas cardiovasculares.

São grandes aliadas no emagrecimento e em

toda a alimentação saudável, pois contribuem para a hidratação e não são muito calóricas. Mas como quase todas possuem açúcares, o seu consumo exige equilíbrio – o excesso de açúcares pode produzir gordura. O consumo normal é de 3 porções de frutas ao dia, na forma *in natura* (que traz o benefício adicional das fibras, que são boas para a saúde) ou em suco. Estas porções podem ser consumidas no desjejum, no lanche da manhã e no lanche da tarde.

As frutas podem ser classificadas em grupos A e B.

Grupo A – possuem em média 7% de açúcar e 30kcal por 100g. Exemplo: abacaxi, açaí, carambola, goiaba, melancia, melão, morango, laranja, lima, limão, maracujá, pêssego, pitanga e romã.

Grupo B – possuem em média 17% de açúcar e 70kcal por 100g. Exemplo: ameixa, amora, cereja, damasco, figo, framboesa, fruta-do-conde, maçã, mamão, manga, pêra, banana, caqui e uva.

São muito melhores as frutas que são cultivadas sem agrotóxicos e sem adubos químicos, o chamado alimento orgânico. Estas frutas geralmente não apresentam formas perfeitas e o seu tamanho é menor, mas o sabor e a qualidade são superiores aos das frutas em que foram usados pesticidas.

Dicas

- Muitas frutas podem ser ingeridas com casca, na qual se encontram as fibras que ajudam nos movimentos intestinais. Antes de ingeridas, devem ser bem lavadas.
- Se descascar uma fruta cítrica é um impedimento para você, então beba o suco fresco.
- Quando a fruta é colhida antes do amadurecimento, deve ser mantida na temperatura ambiente. Depois de amadurecida deverá ser colocada na geladeira em temperatura de 10°C.
- Para impedir que as bananas estraguem, armazene-as no refrigerador. A pele pode ficar escura pelo frio, mas a fruta estará boa.

Receita light
SALADA DE FRUTAS VERDES
Rende 6 porções – 155kcal a porção

Ingredientes:
½ melão
3 kiwis
2 maçãs verdes
2 peras
300g de uvas dedo-de-dama sem sementes
400ml de suco de maçã sem açúcar

6 colheres (chá) rasas de mel
folhas de hortelã para decorar

Modo de preparo: Descasque o melão e os kiwis e corte-os em pedaços. Tire o miolo das maçãs e das peras e corte-as em pedaços. Corte as uvas ao meio. Numa jarra, misture o suco de maçã e o mel. Despeje o suco por cima das frutas e misture delicadamente. Sirva gelada e decorada com hortelã.

FRUTAS SECAS

As frutas secas, comparadas às frutas frescas, representam uma fonte mais concentrada de calorias, açúcar natural, minerais e fibra, porque retira-se delas a água. Pelo seu alto teor em fibra, estimulam o movimento intestinal, principalmente a ameixa seca, que possui 15% de sorbitol, enquanto a maioria das frutas possui apenas 1%. O sorbitol é um açúcar natural que funciona como laxante.

Ameixas, passas de uvas, figos, bananas, tâmaras, peras, maçãs e damascos, todos secos, são ideais para lanches e viagens, pois estão prontos para comer, não são perecíveis e são muito práticos para levar a qualquer lugar.

Dica

- Lembre-se de que o ideal é consumir as frutas secas no mesmo número de porções que a fruta fresca. Por exemplo: 1 unidade de banana seca, embora muito menor, tem igual valor calórico de 1 unidade de banana fresca.

Receita light
BOLO COLORIDO DE FRUTAS SECAS
Rende 10 porções – 160kcal a porção

Ingredientes:
2 gemas
4 claras
½ xícara (chá) de óleo vegetal
1 colher (sopa) de adoçante granular
2 xícaras (chá) de farinha de trigo
½ xícara (chá) de leite desnatado
1 xícara (chá) de leite de coco light
½ xícara (chá) de coco ralado sem açúcar
1 xícara (chá) de uvas passas
1 xícara (chá) de frutas secas de sua preferência
1 colher (sopa) de fermento em pó

Modo de preparo: Aqueça o forno em 180ºC. Coloque as gemas, o óleo e o fermento numa batedeira e bata até obter um creme. Acrescente o adoçante, o leite desnatado e o leite de coco, alternando com a farinha de trigo. Bata até ficar uma massa homogênea. Desligue a batedeira e acrescente as uvas passas, as frutas secas e o coco ralado. Reserve. Lave a batedeira e bata as claras até o ponto de neve. Acrescente as claras à massa reservada e misture bem. Unte uma fôrma com furo no meio com óleo e farinha e acrescente a massa. Leve o bolo ao forno preaquecido e deixe assar por cerca de 55 minutos ou até ficar pronto.

FRUTAS OLEAGINOSAS

As frutas oleaginosas são altamente calóricas, mas devem ser incluídas na alimentação diária, pois apresentam ácidos graxos essenciais benéficos para a saúde. Contêm cerca de 60% de gordura, fornecem boa quantidade de proteína, fibra, potássio e o antioxidante vitamina E. Fazem parte deste grupo: amêndoas, avelãs, castanha-de-caju, castanha-do-pará, castanha européia, nozes, macadâmia, pistache, amendoim, pinhão, sementes de girassol, abóbora, linhaça e gergelim. Podem ser consumidas puras, torradas ou acrescentadas a receitas. As frutas oleaginosas devem ser degustadas com moderação. Escolha uma das opções a seguir para incluir na sua alimentação diária, sem comprometer as calorias: 1 noz inteira, 2 castanhas-do-pará, 10 avelãs ou 10 amêndoas sem sal.

Calorias de algumas frutas oleaginosas por unidade

Noz 70kcal
Castanha-do-pará 27kcal
Castanha-de-caju 13kcal

Amêndoa	6kcal
Avelã	7kcal

Fonte: tabela para avaliação de consumo alimentar em medidas caseiras – UFRJ.

Dicas

- As sementes de linho, gergelim, girassol, linhaça e abóbora podem ser acrescentadas no recheio de carnes, massas e molhos.
- Refrigere ou congele as frutas oleaginosas, pois seu óleo fica rançoso rapidamente.

Receita light
BISCOITO DE AMÊNDOAS COM FRUTAS

Rende 30 unidades – 54kcal a unidade

Ingredientes:
3 claras
1 colher (chá) de essência de amêndoas
½ xícara de açúcar mascavo
1 xícara de farinha de trigo peneirada
60g de amêndoas fatiadas
125g de cerejas em calda picadas
60g de abacaxi em calda picado
60g de damascos secos picados

Modo de preparo: Bata as claras em neve com a essência de amêndoas. Acrescente o açúcar mascavo, uma colher de cada vez, sem parar de bater. Acrescente a farinha, as amêndoas, as cerejas, o abacaxi e os damascos. Coloque essa massa em uma fôrma levemente untada com óleo e forrada com papel-manteiga. Asse por 35 minutos (180ºC) ou até ficar firme. Desenforme e deixe esfriar completamente. Embrulhe em papel-alumínio. Com uma faca serrilhada e afiada, corte a massa em fatias finas. Coloque essas fatias em uma assadeira forrada com papel-manteiga e asse por 35 minutos (150ºC) ou até que os biscoitos estejam crocantes. Tire do forno e deixe esfriar.

SUCOS

Os sucos são de grande importância para a nossa saúde e bem-estar, pois oferecem ao corpo alta concentração de nutrientes, como carboidratos, vitaminas e minerais. Os sucos possuem açúcares naturais e apresentam calorias consideráveis, devendo ser ingeridos em quantidades equilibradas por pessoas que desejam ter uma alimentação de baixas calorias. Comparado à fruta inteira, o suco possui menos fibras. O suco fresco é muito diferente do suco em garrafa, lata, caixa ou concentrado. Estes últimos são pasteurizados e perdem alguns nutrientes. O suco feito na hora é rico em vitaminas, minerais, enzimas e livre de aditivos e conservantes.

Dicas

- Se não for possível tomar suco fresco, guarde-o em uma garrafa térmica ou em um recipiente bem fechado no refrigerador, por não mais que 12 horas.
- Os sucos verdes são de importância vital e podem ser feitos de agrião, espinafre, brócolis,

couve, repolho, salsa e alface. Possuem gosto amargo. Para suavizar o sabor, devemos misturá-los com suco de maçã ou cenoura.

- Sucos de melão, melancia e abacaxi são saudáveis e fáceis de preparar, não necessitando retirar as sementes.
- Suco de frutas cítricas é uma excelente fonte de vitamina C.
- 1 xícara de suco de cenoura equivale a 4 xícaras de cenouras picadas. É riquíssimo em provitamina A.
- Tome no mínimo 1 copo de suco por dia.
- Fale com sua nutricionista antes de incorporar maiores quantidades de sucos à sua alimentação.

Receita light
SUCO GREEN
Rende 2 copos – 78kcal por copo

Ingredientes:
suco de 1 limão
1 colher (sopa) de hortelã
1 xícara de melão picado
4 folhas de agrião
1 xícara (chá) de gelo picado
1 colher (sopa) de essência de menta

2 fatias de kiwi sem casca para decorar
adoçante a gosto

Modo de preparo: Bata todos os ingredientes no liquidificador, menos o kiwi. Coe com uma peneira e distribua em 2 copos com 1 pedrinha de gelo. Decore com as fatias de kiwi.

UMA ALIMENTAÇÃO SAUDÁVEL ELIMINANDO OS RADICAIS LIVRES

Os radicais livres são moléculas que, por algum efeito físico-químico, sofrem um desequilíbrio, tornando-se reativas e perturbando as células sadias. São moléculas com carga negativa que procuram outras moléculas com carga positiva, com as quais reagem, provocando a sua oxidação.

O oxigênio, apesar de ser essencial para a vida humana, produz radicais livres. Cerca de 4% do oxigênio aspirado pode ser transformado nessas moléculas. Existem outros fatores que aumentam a produção de radicais livres, como alimentação refinada – rica em gorduras e calorias e pobre em vitaminas e sais minerais –, estresse, tabagismo, drogas, exposição excessiva ao sol, poluição, falta de exercício, consumo excessivo de álcool, cafeína e medicamentos.

É extremamente importante controlar a produção de radicais livres porque, quando aumentada, provoca sérios danos à saúde, como doenças degenerativas e envelhecimento. Um exemplo ilustrativo pode ser observado quando partimos a maçã. Em pouco tempo, observamos que sua face está escurecida. Este efeito é provocado pela ação dos radicais livres, que oxidam a superfície da fruta. O mesmo acontece em nossas células, quando os radicais livres se encontram em excesso.

Para controlar a produção dos radicais livres e manter a saúde, devemos adquirir hábitos de vida saudáveis e uma alimentação equilibrada, principalmente rica em antioxidantes que reforcem as defesas do corpo.

ANTIOXIDANTES – ABC DA LONGEVIDADE

Os antioxidantes são moléculas que inibem a oxidação das células pelos radicais livres, tornando-os inofensivos. Eles agem na defesa do corpo, bloqueando a oxidação excessiva e os danos celulares e reduzindo os radicais livres. Favorecem ótima saúde e são antienvelhecimento. Eles podem ser encontrados nos alimentos. São as fontes confiáveis. Os antioxidantes mais conhecidos são a provitamina A, as vitaminas C e E, os bioflavonóides, os minerais, como o zinco, o cobre, o magnésio e o selênio, e a coenzima Q10, que, sempre em harmonia, fortalecem organismo.

PROVITAMINA A

O betacaroteno e o licopeno são provitaminas A, o que significa que são convertidos em vitamina A no corpo. Constituem um grupo colorido do vermelho, verde-escuro e amarelo. Quanto mais intensas essas cores do vegetal, maior a concentração de provitamina A.

A provitamina A é necessária para a boa visão, fortalece as defesas naturais do corpo (o sistema imunológico), tem potencial de longevidade, diminui o risco de doenças degenerativas, tem efeitos antienvelhecimento e torna a pele, dentes, cabelos e unhas mais saudáveis.

Fontes: Cenoura, mamão, abóbora, damasco, pêssego, laranja, manga, melão, tomate, repolho roxo, pimentão vermelho, ameixa, frutas vermelhas, melancia, espinafre, brócolis e couve.

Dicas

- Dê preferência ao consumo dos alimentos crus ou levemente escaldados, pois assim eles mantêm todas as suas propriedades.
- A cenoura é a campeã em betacaroteno. Coma diariamente uma pequena unidade cortada em tiras longas, com um fio de azeite de oliva extravirgem.
- Preparar sucos com vários vegetais ricos em betacaroteno fornecerá qualidades mais eficazes. Um exemplo de alto conteúdo de provitamina A é o suco de mamão com damasco e pêssego.
- O consumo excessivo de betacaroteno pode deixar a pele alaranjada ou amarelada, pois tam-

bém é armazenado nas células da pele. Não há motivo para preocupação, mas deve-se diminuir um pouco o consumo.

Receita light
SOPA DE CENOURA E LARANJA
Rende 4 porções – 50kcal a porção

Ingredientes:
½ cebola picada
500g de cenoura
1 litro de caldo de frango
suco de 1 laranja

Modo de preparo: Lave e descasque a cenoura e corte-a em rodelas. Numa panela, coloque o caldo de frango e leve ao fogo alto até ferver. Quando ferver, acrescente as cenouras, a cebola e o suco de laranja e cozinhe por 40 minutos. Coloque o caldo com os legumes no liquidificador e bata em velocidade média por 2 minutos. Volte o caldo para a panela e leve ao fogo baixo até esquentar. Quando estiver aquecido, sirva.

VITAMINA C

A vitamina C atua na produção de colágeno (proteína que dá sustentação aos tecidos), acelera a cicatrização, fortalece o sistema imunológico, especialmente no tratamento do resfriado, facilita a absorção do ferro e é anticancerígena. A falta de vitamina C causa fadiga, má cicatrização e aparecimento precoce de rugas.

Fontes: Acerola, goiaba, caqui, morango, kiwi, abacaxi, laranja, bergamota, limão, melão, couve, brócolis, agrião, broto de alfafa, pimentão, tomate, couve-flor e batatas.

Dicas

- Se você não gosta de frutas cítricas, outras boas fontes de vitamina C são a framboesa, a manga e o mamão.
- As frutas cítricas são as fontes mais abundantes de vitamina C.
- Devemos consumir diariamente 1 porção de laranja ou bergamota, 200ml de suco fresco de laranja ou limão, sem açúcar, e mais verduras ricas em vitamina C.
- 600mg de vitamina C ao dia é uma ótima recomendação.
- O cozimento e a exposição do alimento ao ar

por longo período destroem a vitamina C. Prefira consumir as verduras cruas, as frutas *in natura* e os sucos frescos.

- O suco enlatado, engarrafado ou congelado perde 75% da vitamina C em 3 semanas.
- Um simples cigarro consome de 50 a 100mg de vitamina C. Evite-o.

Receita light
SUCO ENERGÉTICO
Rende 1 porção – 153 kcal

Ingredientes:
½ copo de suco de laranja natural
½ copo de suco de abacaxi natural
1 colher (chá) de suco de limão
1 colher (chá) de mel

Modo de fazer: Misture todos os ingredientes.

VITAMINA E

A vitamina E é importante por proteger os pulmões contra poluentes ambientais. Possui efeito cardioprotetor e antienvelhecimento, aumenta a virilidade e diminui a esterilidade nos homens. Previne a oxidação da vitamina A e dos ácidos graxos ômega 3 e ômega 6. Auxilia na formação dos glóbulos vermelhos, dos músculos saudáveis, da vitamina C e do DNA.

Fontes: gérmen de trigo, cereais integrais, nozes, sementes de gergelim, amêndoas, amendoim, óleos vegetais, leite, batata-doce, espinafre, ervilha, ovos e abacate.

Dica
- Substitua o pãozinho branco do café-da-manhã por 2 colheres (sopa) de granola.

Receita light
GRANOLA
Rende 10 porções – 180kcal a porção
(2 colheres de sopa cheias)

Ingredientes:
2 colheres (sopa) de óleo vegetal
4 colheres (sopa) de mel
½ colher (chá) de canela em pó
2 e ½ xícaras de aveia em flocos integral
¼ de xícara de germe de trigo
¼ de xícara de coco ralado sem açúcar
2 colheres (sopa) de gergelim

Modo de preparo: Esquente o óleo, o mel e a canela em banho-maria. Numa vasilha, misture a aveia, o germe de trigo, o coco e o gergelim. Despeje a mistura do óleo por cima dos ingredientes secos e mexa bem. Coloque em uma fôrma e asse em forno médio por 20 minutos. Mexa a granola de 5 em 5 minutos. Retire do forno quando estiver crocante. Deixe esfriar e guarde num pote bem fechado.

BIOFLAVONÓIDES

Os bioflavonóides são substâncias que atuam no corpo em conjunto com a vitamina C e aumentam o potencial antioxidante desta vitamina. Eles ajudam a manter a resistência da parede das artérias e veias, são anticancerígenos, atuam como antibiótico natural e produzem benefícios sobre o colágeno.

Fontes: As frutas e flores de cores amarelo ao azul. Exemplo: tomate, melancia, uva preta, maçã, cebola, morangos, damasco, amoras pretas, brócolis, melões, cerejas, pimentões verdes, laranja, mamão, ameixa, limões e vinho tinto.

Dica

- O bioflavonóide da casca da uva é o componente do vinho tinto considerado responsável pela redução de doenças cardiovasculares.

Receita light
SALADA COLORS
Rende 2 porções – 60kcal a porção

Ingredientes:
1 cenoura pequena
4 folhas de radicchio vermelho
4 folhas grandes de alface mimosa
1 beterraba pequena
4 talinhos de *ciboulette*
1 minipepino
½ pimentão amarelo
2 tomates-cereja
2 colheres (sobremesa) de iogurte natural desnatado de consistência firme
maionese light
molho shoyu para temperar

Modo de preparo: Distribua no prato a alface mimosa e rasgue as folhas do radicchio por cima. Rale a cenoura e coloque 4 colheres (sopa) sobre a salada. Corte o minipepino e o pimentão amarelo em fatias bem finas e distribua ao redor do prato. Rale uma pequena quantidade de beterraba sobre a salada, coloque a *ciboulette* e os tomates para decorar. Misture o iogurte com a maionese e tempere a salada. Utilize a quantidade desejada de molho shoyu para dar mais tempero à salada.

ZINCO

O zinco é um mineral necessário para o crescimento, para a produção de enzimas e para o desenvolvimento do sistema imunológico e sexual. Auxilia na produção do DNA, dos espermatozóides, ossos e dentes. É importante para a cicatrização, para a atividade cerebral e para a manutenção da função da vitamina A. Tem participação no paladar e no olfato, ajudando a captar e distinguir os odores e sabores.

Fontes: carnes de gado, frango, peixe, ostras, ovo, leite, queijo, germe de trigo, levedura de cerveja, castanha-do-pará, ervilha e cereais.

Dicas

- O zinco das proteínas animais é mais bem absorvido do que o dos vegetais.
- Pode ser utilizado no tratamento da impotência sexual masculina, da esterilidade e de problemas de próstata.
- O zinco é extremamente eficiente na prevenção e tratamento da acne.
- O uso de diuréticos ou uma alimentação com excesso de fibras diminui a absorção de zinco.
- Pontos brancos que aparecem nas unhas, principalmente na adolescência, podem estar relacionados à diminuição de zinco no corpo.

Receita light
MEDALHÕES DE FILÉ COM MOZARELA DE BÚFALA

Rende 4 porções – 298kcal a porção

Ingredientes:
2 colheres (sopa) de azeite de oliva
4 medalhões (120g cada) de filé mignon
1 xícara (chá) de caldo de carne
1 pimentão vermelho cortado em tiras
4 fatias de mozarela de búfala
sal a gosto
pimenta a gosto

Modo de preparo: Aqueça o azeite em uma frigideira antiaderente. Coloque os medalhões e tempere com sal e pimenta. Quando estiverem dourados, retire da frigideira e coloque em um prato refratário. Na frigideira, coloque o caldo de carne e cozinhe por 2 minutos. Ao redor dos medalhões, distribua as tiras de pimentão, e coloque a mozarela sobre cada um. Regue com o molho da carne. Leve ao forno quente. Quando o queijo gratinar, está pronto.

COBRE

O cobre é um mineral importante para absorção do ferro e, para a formação do colágeno e da melanina (pigmento que dá a cor da pele), sendo essencial na respiração celular. Ele aumenta o bom colesterol e é importante para o aproveitamento da vitamina C.

Fontes: castanha-do-pará, avelãs, nozes, amêndoas, amendoim, cereais integrais, cenoura, ervilha, feijão, lentilha, frutos do mar, ameixas e leite de soja.

Dica

- Não utilize panelas de cobre sem revestimento para cozinhar.

Receita light
FRANGO COM ERVILHAS VERDES
Rende 4 porções – 290kcal a porção

Ingredientes:
500g de peitos de frango
1 colher (chá) de sal
1 dente de alho amassado
¾ de xícara de suco de tomate
200g de cebola ralada

1 colher (sobremesa) de molho shoyu
½ envelope de adoçante
600g de ervilha verde
alecrim a gosto

Modo de preparo: Tempere o frango com sal e alho e reserve. Limpe as ervilhas e reserve-as dentro da água. Ferva o molho shoyu, o adoçante, o suco de tomate e a cebola ralada. Tempere a gosto. Doure o frango na panela e coloque-o no molho quente. Cozinhe a carne no molho, acrescentando água aos poucos, se necessário. Coloque as ervilhas sobre a carne e deixe em fogo brando até que elas fiquem cozidas, mas firmes.

MAGNÉSIO

O magnésio é conhecido como o mineral antiestresse, que relaxa toda a musculatura. Ele torna mais forte a ação antioxidante da vitamina E e previne o depósito de cálcio nas células, evitando os cálculos renais. Atua também no bom funcionamento dos sistemas nervoso e cardiovascular.

Fontes: grão-de-bico, soja, milho, germe de trigo, avelã, castanha-do-pará, nozes, amêndoas, vegetais verdes-escuros, banana, maçã, figo, carnes e chocolate.

Dicas

- É eficaz em casos de depressão e ansiedade.
- O uso de diurético pode espoliar este mineral.
- A pessoa que ingere grandes quantidades de álcool deve aumentar o consumo de alimentos ricos em magnésio.

Receita light
BACALHAU COM GRÃO-DE-BICO
Rende 4 porções – 290kcal a porção

Ingredientes:
300g de bacalhau do porto
200g de cebolas cortadas em rodelas grossas
1 colher (sobremesa) de vinho branco seco
300g de grão-de-bico
1 e ½ colher (chá) de azeite
queijo parmesão para salpicar
2 dentes de alho
2 colheres (café) de sal
½ envelope de adoçante

Modo de preparo: Coloque de molho o grão-de-bico por algumas horas. Leve ao fogo e cozinhe. Deixe o bacalhau de molho de véspera. Desfie-o em pedaços e escorra a água. Coloque-o em uma frigideira com o azeite de oliva até ficar solto. Reserve. Leve o óleo com o alho amassado ao fogo. Junte o grão-de-bico e uma colher de sal e refogue, mexendo sempre. Leve a cebola ao fogo com o adoçante e 1 colher de sal. Mexa, sem deixar a cebola dourar. Acrescente o vinho, tampe a panela e deixe a cebola cozinhar. Num prato refratário, coloque o bacalhau, sobre ele a cebola e o grão-de-bico e, por último, salpique com parmesão. Leve ao forno por 30 minutos ou até que o bacalhau esteja cozido.

SELÊNIO

É um mineral de grande poder antienvelhecimento. Interage com a vitamina E para impedir que os radicais livres danifiquem as células. É anticancerígeno e cardioprotetor. Aumenta a fertilidade e o sistema imunológico.

Fontes: germe e farelo de trigo, levedo de cerveja, cereais integrais, castanhas-do-pará, soja, alho, tomate, milho, cebola, brócolis, abóbora, repolho, frutos do mar, carnes, leite e ovos.

Dicas

- Um dos seus papéis é tornar a pele mais jovem, sadia e elástica.
- Quando os alimentos ricos em selênio são co-

zidos ou aquecidos, ocorre uma perda deste mineral.

- É importante no tratamento de intoxicação por álcool, fumo e medicamentos.

Receita light
CREME DE CHOCOLATE COM CASTANHA
Rende 12 porções – 140kcal a porção

Ingredientes:
2 xícaras (chá) de leite desnatado
3 colheres (sopa) de cacau em pó
1 colher (sopa) de amido de milho
2 gemas
1 colher (sopa) de essência de baunilha
4 claras
½ xícara (chá) de adoçante em pó
1 lata de creme de leite light
50g de castanha-do-pará picadas
100g de chocolate meio-amargo picado

Modo de preparo: Leve ao fogo o leite, o cacau, o amido de milho, as gemas passadas pela peneira e a baunilha. Faça um creme e reserve. Bata as claras em neve e adicione o adoçante até que fique como um suspiro. Adicione o creme de leite. Misture as castanhas e o chocolate picado. Numa vasilha rasa acrescente todos os ingredientes e misture. Leve à geladeira por 2 horas.

COENZIMA Q10

A coenzima Q10 é um composto semelhante às vitaminas. O declínio dos níveis de Q10 no organismo ocorre com o avançar da idade, especialmente em mulheres, após a menopausa e sob efeito dos radicais livres, podendo ser uma explicação para o envelhecimento. Por isso a medicina ortomolecular utiliza a Q10 para o antienvelhecimento, para o aumento da imunidade, para o tratamento da obesidade, diabetes e cardiopatias, pois melhora o funcionamento do músculo cardíaco e aumenta o tônus do mesmo.

Fonte: É produzida pelo organismo, mas também pode ser encontrada em alimentos como a carne de gado, sardinha, espinafre e amendoim.

Dicas

- A melhor forma de consumir a coenzima Q10 é como suplemento alimentar. Sua máxima absorção ocorre quando é ingerida junto às refeições. Consulte seu médico ortomolecular para indicação das doses necessárias.
- Pacientes com cardiopatias podem apresentar déficit de Q10.

Receita light
FILÉ COM MOSTARDA

Rende 4 porções – 258kcal a porção

Ingredientes:
600g de filé mignon
2 colheres (chá) de mostarda dijon
pimenta-do-reino a gosto
1 colher (sopa) de óleo vegetal

Para o molho:
1 dente de alho
1 colher (chá) de casca de limão ralada
½ xícara de vinho branco seco
¼ de xícara de leite evaporado
1 colher (chá) de amido de milho

Modo de preparo: Passe a mostarda por toda a carne e ponha pimenta a gosto. Aqueça o óleo numa panela. Coloque a carne e doure todos os lados. Leve a panela ao forno em temperatura média e asse por 20 minutos. Retire a carne e mantenha aquecida. Para o molho, refogue o alho e a casca de limão por 2 minutos. Acrescente o vinho e cozinhe em fogo alto, sempre mexendo. Espere o vinho ficar reduzido à metade. Acrescente o leite evaporado e o amido de milho. Cozinhe em fogo médio até o molho começar a engrossar. Retire o molho, coloque sobre a carne e sirva.

ALIMENTO FUNCIONAL
A SAÚDE PLENA ESTÁ NESTE TIPO DE ALIMENTO

O alimento funcional é aquele que, além dos seus nutrientes, apresenta substâncias importantes e benéficas para a saúde, que previnem e tratam as doenças. Estes alimentos buscam equilibrar o funcionamento do corpo para promover uma ótima saúde e bem-estar.

Então, quais são os principais alimentos funcionais? O alho, o tomate, a soja, o chá verde, os brócolis e a uva.

ALHO

O alho é um dos mais antigos alimentos cultivados em todo o mundo, apesar de seu odor não ser muito apreciado. Nele são encontrados minerais como enxofre, selênio, germânio, vitaminas do complexo B, vitamina C e provitamina A. Diversos compostos ativos presentes neste alimento são responsáveis pelo seu efeito terapêutico.

Benefícios
- É cardioprotetor e anticancerígeno.
- Equilibra as taxas de colesterol e glicose.
- Controla a pressão alta.
- Aumenta a imunidade.
- É importante no tratamento de infecções e inflamações no sistema respiratório, de pneumonia, bronquite, sinusite, asma e gripes, e no descongestionamento das vias respiratórias.
- Promove a desintoxicação.

Dicas
- Indicado um consumo de 4g/dia na forma de alimentos ou em cápsulas.
- O consumo excessivo pode causar dor de cabeça e de estômago e azia.
- As pessoas que apresentam má digestão e úlcera devem evitar o consumo de alho.
- O odor característico é causado pela alicina, o composto mais potente do alho. Para amenizar o cheiro, pode-se mascar cravos-da-índia ou tomar um pouco de vinho tinto.
- O bom alho é aquele que apresenta os dentes firmes e rijos. A polpa deve ser clara, e se estiver amarela é sinal de que já passou a data de validade. Guarde-o à temperatura ambiente e nunca o coloque na geladeira.

- O alho mantém todos os seus benefícios se for consumido fresco, cru e amassado.

Receita light
FETTUCCINI AO MOLHO DE TOMATE ASSADO E ALHO

Rende 2 porções – 280kcal a porção

Ingredientes:
100g de fettuccini
500g de tomate maduro cortados em rodelas
½ colher (sopa) de sal
4 dentes de alho descascados
2 colheres (sopa) de polpa de tomate
½ colher (sopa) de azeite de oliva

Modo de preparo: Aqueça o forno. Corte os tomates em rodelas e distribua-as numa assadeira, salpique com sal e leve ao forno por cerca de 30 minutos. Retire do forno e acrescente o azeite de oliva e os dentes de alho com a casca. Leve novamente ao forno por mais de 40 minutos. Cozinhe o fettuccini *al dente* em uma panela com água fervente. Retire a assadeira do forno. Num processador, bata os tomates, os dentes de alho e a polpa de tomate, até obter uma massa homogênea. Num prato, coloque o fettuccini e acrescente a massa do processador, mexendo bem. Enfeite com folhinhas de manjericão e sirva.

TOMATE

Uma boa notícia para os homens. O tomate contém licopeno, um pigmento que dá a cor vermelha e que garante o amadurecimento, e traz o benefício de reduzir o risco de câncer de próstata. Para que ocorra este benefício é importante consumir regularmente mais de 10 porções por semana de tomate e derivados.

O tomate também é uma boa fonte de potássio (um mineral que previne a pressão alta), fibras, ácido fólico, provitamina A e vitamina C.

Dicas

- Utilize o tomate em saladas, no molho da massa e da pizza e faça suco deste vegetal.
- A maior concentração do licopeno está na polpa e na casca.
- O tomate deve ser levemente cozido, para favorecer a absorção do licopeno pelo organismo.
- Contém pouquíssimas calorias: um tomate médio possui 25 calorias.
- A maior parte da vitamina C do tomate está concentrada na geléia que envolve as sementes.

- O tomate vermelho tem 4 vezes mais provitamina A que o tomate verde.
- Os produtos industrializados à base de tomate contêm muito sódio, causando maior retenção de líquidos no corpo. Pessoas com pressão alta e com retenção de líquidos devem limitar o uso desses produtos.
- Tomates secos são saborosos, mas possuem muito óleo e alto teor de calorias. Cuidado!

Receita light
PASTA GRATINADA COM TOMATE
Rende 6 porções – 190kcal a porção

Ingredientes:
300g de massa
2 colheres (chá) de óleo vegetal
2 cebolas cortadas em fatias finas
½ xícara de purê de tomates
2 tomates grandes sem pele cortados em fatias finas
2 colheres (sopa) de manjericão picado
3 xícaras de molho de queijo light

Para a cobertura:
2 colheres (chá) de azeite de oliva
1 colher (sopa) de salsinha picada
3 colheres (sopa) de mozarela ralada
1 colher (sopa) de parmesão ralado

Modo de preparo: Cozinhe a massa em água fervente. Quando estiver *al dente,* escorra, passe-a por água fria corrente e coloque-a sobre o fundo de um prato refratário. Aqueça o óleo em uma frigideira antiaderente e refogue a cebola até ficar macia. Escorra a água que se formar e acrescente o purê de tomate. Espalhe a mistura sobre a massa, coloque as fatias de tomate por cima, polvilhe com manjericão e cubra com molho de queijo. Para a cobertura, misture o azeite, a salsinha, a mozarela e o parmesão. Espalhe sobre o prato de massa e asse a 200°C até a massa gratinar.

SOJA

É uma das leguminosas mais nutritivas. É rica em proteína e possui gordura insaturada, indicada no tratamento de colesterol elevado. É a única proteína vegetal semelhante à proteína animal. Os grãos de soja também contêm potássio, fósforo, enxofre, sódio, cálcio, ferro, zinco e vitaminas A e B.

A soja é recomendada como alternativa à tradicional terapia de reposição hormonal, pois contém isoflavonas, substâncias similares ao estrogênio (hormônio feminino) e conhecidas como fitoestrogênios. Estudos relatam que a isoflavona age na prevenção e na terapia do câncer de mama e de próstata, na redução de doenças cardiovasculares, do colesterol e da osteoporose e no alívio dos sintomas da menopausa e TPM.

Dicas

- O ideal é ingerir 30mg de isoflavonas por dia na forma de alimentos ou cápsulas. 35g de soja possuem aproximadamente 30mg de isoflavonas.
- Para diminuir o colesterol, a soja deve ser consumida diariamente.
- Em relação às proteínas, 1kg de soja equivale aproximadamente a 2kg de carne bovina ou a 70 ovos.
- O tofu – o queijo de soja – pode substituir o queijo tradicional, que contém alto teor de gordura.
- O leite de soja pode ser usado no lugar do leite de origem animal.
- A proteína texturizada de soja é uma alternativa para a carne e pode ser usada para fazer hambúrguer vegetal assado com baixo teor de gordura e sem colesterol. Utilize os temperos para dar um sabor parecido ao da carne.
- O molho shoyu é uma boa pedida para temperar pratos e saladas.
- Utilize também o óleo de soja nas preparações culinárias.
- O grão cozido pode ser servido em saladas ou substituir o feijão.

Receita light
ALMÔNDEGAS ENRIQUECIDAS COM SOJA

Rende 4 porções – 63kcal a porção

Ingredientes:
100g de carne moída
100g de proteína texturizada de soja (PTS)
40g de tomate
20g de pão
20ml de água
10g de salsa e cebolinha
sal a gosto

Modo de preparo: Hidrate a proteína de soja por 30 minutos e, após, escorra bem a água. Deixe o pão amolecer em 20ml de água. Peneire o pão e misture com a carne moída e a proteína de soja hidratada. Junte a salsa e a cebolinha bem batidas. Amasse todos os ingredientes. Faça as almôndegas com as mãos polvilhadas em farinha de trigo. Leve ao forno para assar. Refogue o tomate e a cebola, coloque um pouco de água, adicione as almôndegas e deixe ferver até engrossar o molho. Sirva.

O PODER DO CHÁ VERDE (BANCHÁ)

Depois da água, o chá é a bebida mais consumida no mundo. Um dos chás mais benéficos para a saúde é o chá verde, feito com o banchá, uma planta originária do Oriente. Os benefícios do chá verde são atribuídos a uma substância chamada catequina. Pesquisas indicam que a catequina age como um antioxidante potente, ou seja, possui grande capacidade de controlar a formação de radicais livres, compostos relacionados ao envelhecimento das células. Desse modo, a ingestão do chá verde está diretamente relacionada ao poder anticancerígeno, à redução de problemas cardiovasculares e hepáticos, à osteoporose, às infecções e ao controle do mau colesterol. Sua quantidade de antioxidante chega a ser igual ou superior à de frutas e vegetais, e só se mantém nas infusões de folhas. As folhas, depois de colhidas, são secas e passam por um aquecimento para inativar as enzimas, evitar a fermentação e conservar maiores quantidades de catequinas. Seu potencial antioxidante pode ser até cinco vezes superior ao das vitaminas C e E. Nos chás instantâneos, em pó e engarrafados, os antioxidantes são encontrados em pequeníssimas quantidades.

Dica

- Para gerar efeitos benéficos, tome 3 xícaras de chá por dia.

Receita light
CHÁ VERDE
Não tem calorias

Ingrediente:
folhas de banchá (prefira folhas mais antigas)

Modo de preparo: Aqueça 1 litro de água e retire antes de ocorrer fervura. Coloque 2 colheres (sopa) de banchá. Deixe em infusão por 5 minutos. Beba quente, logo após a infusão, pois suas propriedades estão no recém-passado.

BRÓCOLIS

Os brócolis são um dos alimentos mais densos em nutrientes. Nas flores, folhas e talos estão boas fontes de vitamina A, C, ácido fólico, cálcio, ferro, potássio, enxofre, fibras e quantidades significativas de proteínas. Ele é considerado um alimento funcional por possuir um grande poder anticancerígeno. Os brócolis reduzem o risco de câncer de mama, por isso devem estar na alimentação das mulheres várias vezes por semana. São recomendados também para prevenção da prisão de ventre, pois apresentam laxativo natural.

Além de tudo isso, são um alimento importante para quem precisa de cálcio, como gestantes, mulheres na menopausa ou durante a lactação, crianças, adolescentes, idosos e pessoas com osteoporose.

Dicas

- Brócolis são pouco calóricos. Uma xícara de brócolis contém apenas 40 calorias.
- É possível preservar a maior parte dos nutrientes dos brócolis cozinhando-os no vapor, fervendo-os rapidamente com pouca água ou somente escaldando-os. Cozinhar em grande quantidade de água diminui boa parte das substâncias anticancerígenas, assim como a vitamina C e outros nutrientes.
- Escolha brócolis que estejam bem verdes, firmes e vivos; despreze os que apresentarem flores amareladas, pois já estão fora do prazo de validade e possuem menos nutrientes.

Receita light
QUICHE DE BRÓCOLIS

Rende 4 porções – 180kcal a porção

Ingredientes:
100g de margarina light gelada
120g de farinha de trigo integral
1 gema

1 e ½ xícara de creme de leite light
4 gemas passadas na peneira
3 colheres (chá) de mostarda
¼ de colher (chá) de sal
1 xícara de brócolis picado cozido no vapor

Modo de preparo: Misture a farinha de trigo com a margarina e a gema. Leve à geladeira por 30 minutos. Forre 4 fôrmas para quiche e asse em forno médio até dourar. Misture o creme de leite e as gemas, acrescente o brócolis, a mostarda e o sal. Recheie as quiches, leve ao forno por 20 minutos e sirva.

UVA

A uva é uma das frutas mais abundantes no mundo. Pode ser consumida ao natural, na forma de passas, suco e vinho.

A uva de cor escura possui substâncias chamadas flavonóides que são eficazes na prevenção de doenças cardiovasculares. Já as cascas das uvas contêm um pigmento vegetal chamado quercitina, que regula os níveis de colesterol sanguíneos. É uma boa fonte de potássio, ferro, vitamina C e fibras.

Dicas

- É recomendado o consumo de 2 cálices (200ml no total) de vinho tinto ao dia.
- A uva é uma boa opção para quem gosta de doce e deseja uma alimentação saudável;
- A pessoa com diabetes deve evitar as uvas, passas, suco e o vinho, pois contém alto teor de açúcar.
- Na hora da compra, a uva deve estar fresca, firme e com cor viva. As uvas verdes devem estar levemente amarelas ao redor do cabinho, e as uvas de cor escura devem estar com a cor por igual.
- Outra dica importante para a compra: levante o cacho de uva e balance levemente: se caírem várias ou ficarem soltas, não compre.

Receita light
CREME GELADO DE UVA

Rende 8 porções – 120kcal

Ingredientes:
4 xícaras (chá) de suco de uvas pretas natural
1 lata de creme de leite light
2 colheres (sopa) de leite em pó desnatado
6 colheres (sopa) de adoçante próprio para ir ao fogo

2 colheres (sopa) de gelatina sem sabor
1 colher (chá) de amido de milho
20 bagos de uvas pretas

Modo de preparo: No liquidificador, coloque 3 xícaras do suco de uva, o creme de leite, o leite em pó, 4 colheres (sopa) do adoçante e bata por 3 minutos. Retire do liquidificador e misture a gelatina já preparada. Coloque em uma fôrma untada com óleo e leve à geladeira por 2 horas. Para a calda, coloque numa panela 1 xícara do suco, 2 colheres (sopa) do adoçante e o amido de milho. Misture. Leve ao fogo baixo e ferva por 15 minutos. Retire e deixe esfriar. Acrescente as uvas. Desenforme o creme gelado de uva, coloque por cima a calda e sirva.

ELIMINANDO AS TOXINAS
PARA SEU CORPO MERGULHAR EM MUITO BEM-ESTAR, ENERGIA E PURIFICAÇÃO

A capacidade de desintoxicar-se é um dos fatores fundamentais para a saúde. As toxinas estão em toda parte, no ar que respiramos, nos alimentos, na água, e são até mesmo produzidas em nosso corpo.

Para auxiliar nos processos de desintoxicação é recomendável:

- Uma dieta com controle (equilíbrio) de calorias de pelo menos 5 dias, para a eliminação de toxinas. O seu corpo estará mais preparado para enfrentar os malefícios do ambiente;
- Uma hidratação adequada, para a eliminação de toxinas e metais tóxicos. Somente ingerindo muita água você acelera a desintoxicação;
- Um estilo de vida saudável, incluindo exercícios físicos regulares;
- Limpeza de pele com água morna;
- Uma exposição diária de 15 minutos ao sol;
- Dormir 8 horas por dia;
- Pensamentos positivos;

- Uma alimentação rica em alimentos verdes, frescos e com fibras. Alimentos orgânicos, como as frutas cítricas e vegetais crucíferos frescos de 3 a 5 vezes por dia (agrião, brócolis, couve-chinesa, couve-de-bruxelas, couve-flor, mostarda, nabo, rabanete, rábano, repolho e rúcula), uvas com a casca, maçã, cereja natural, ameixa, frutas oleaginosas (nozes, amêndoas e castanhas), leguminosas (feijão, lentilhas, grão-de-bico e ervilha seca), soja, cereais integrais, linhaça, alecrim, açafrão, suco de aloe vera, salsa, tomilho, cacau, alho, cebola, aipo, pimentão vermelho, peixes e vinho;
- Ingerir, entre as refeições, água, chá verde (banchá) e limonada com adoçante (stevia ou frutose).

Dica

- Durante a desintoxicação, evite ingerir alimentos ou substâncias que contenham toxinas e que causem alergias alimentares, como café, carnes vermelhas, refrigerante, alimentos que contenham corantes, aditivos alimentares, enlatados, embutidos, salgadinhos e biscoitos industrializados, sucos artificiais. Evite álcool e cigarro. Controle o uso de glúten (trigo, centeio, cevada), de medicamentos, de produtos químicos em geral e a exposição à poluição.

Receita light
RISOTO DE 7 CEREAIS E LENTILHA
Rende 6 porções – 310kcal a porção

Ingredientes:
1 colher (sopa) de azeite de oliva
2 cebolas raladas
2 dentes de alho esmagados
1e ½ xícara de arroz 7 cereais
sal e pimenta a gosto
1 xícara (chá) de lentilhas pouco cozidas e escorridas
1 litro de água
1 colher (sopa) de suco de limão
1 colher (sopa) de folha de hortelã

Modo de preparo: Numa panela, coloque o azeite, as cebolas e o alho. Leve ao fogo para refogar. Junte o arroz, o sal, a pimenta e misture. Acrescente a lentilha e a água. Deixe ferver por 10 minutos. Tampe e abaixe o fogo. Quando o arroz estiver cozido, desligue o fogo. Com um garfo, coloque o suco de limão e as folhas de hortelã. Sirva.

PELE BELA X ALIMENTAÇÃO

Uma pele com uma boa aparência, brilho e tonicidade não se consegue somente com cosméticos. A alimentação equilibrada está diretamente relacionada com uma pele saudável. Pequenas mudanças no hábito alimentar podem fazer uma grande diferença na saúde da pele.

O que faz a pele melhorar

- O consumo dos alimentos antioxidantes, que reduzem os radicais livres responsáveis pelas rugas. (Ver capítulo "Eliminando os radicais livres".)
- Refeições leves, com proteína, verduras, legumes e frutas.
- Alimentos que minimizam as marcas da idade, como nozes, avelãs, amêndoas, aveia integral, salmão, atum, frango, alface, aspargos, brócolis, espinafre, cenoura, pimentão, azeite de oliva extravirgem, óleo de semente de linhaça, gengibre, melão, damasco, pêssego, maçã, pêra e morango.

- Praticar, como rotina, uma atividade física que lhe dê prazer.
- 15 minutos de exposição ao sol diariamente. É bom para termos células sadias.
- Hidratação com muita água, chá verde e limonada beneficiará sua pele.

O que piora a pele

- Abusos alimentares, alimentos refinados, açúcar, café, refrigerantes, a falta de vitaminas, proteínas, minerais e água, estresse, sedentarismo, fumo, excesso de álcool, poluição, exposição excessiva ao sol. Isso tudo deixa a pele seca e sem brilho, provoca rugas, envelhecimento e doenças.
- Carnes gordas, embutidos, creme de leite, nata, manteiga, margarina e queijos gordos. Não se deve retirar a gordura da alimentação, pois ela protege a pele e sua total ausência torna a pele seca e forma rugas, mas dê preferência às gorduras vegetais líquidas.
- Mudanças de peso, o chamado "efeito sanfona", que distendem a pele e formam estrias.

Dica

- O baixo consumo de proteínas e vitamina C enfraquece as fibras da pele, causando estrias.

Receita light
SANDUÍCHE PESCATORE
Rende 2 porções – 118kcal

Ingredientes:
4 fatias de pão branco com semente de linho
2 colheres (sopa) de kaschimier light
1 colher (chá) de cebola picadinha
1 colher (sopa) de pimentão vermelho picadinho
½ colher (chá) de alho picadinho
½ colher (chá) de páprica
1 colher (chá) de azeite de oliva
1 colher (sopa) de azeitona verde picadinha
3 colheres (sopa) de atum em água e sal
2ml de suco de limão
3 colheres (sopa) de cenoura ralada
4 gotas de pimenta vermelha
1 folha de alface mimosa
tomate-cereja para enfeitar

Modo de preparo: Junte o azeite de oliva, o pimentão, a azeitona, o alho e a cebola e leve ao microondas por 1 minuto para refogar. Misture o kaschimier com o atum. Faça uma pasta homogênea. Misture o refogado de legumes com a pasta. Tempere com limão, sal, pimenta vermelha e páprica. Recheie o sanduíche com esta mistura, acrescentando a cenoura ralada e 1 folha de alface mimosa picada. Decore com tomate-cereja.

CELULITE X ALIMENTAÇÃO

A celulite é uma alteração visível da pele devida ao depósito de gordura no tecido subcutâneo. É mais comum nas mulheres e pode ter origem hereditária, alimentar ou hormonal; por exemplo, durante a menopausa.

O que combate ou evita a celulite

- Fazer 6 refeições diárias de baixas calorias.
- Comer muitas verduras cruas, frutas, grãos, cereais, laticínios magros e carnes magras.
- O consumo de alimentos antioxidantes.
- Tomar bastante líquido, de preferência 2 litros de água por dia. Isto limpa as toxinas do corpo e retira os líquidos acumulados.
- Praticar pelo menos 3 vezes por semana o exercício físico de que você mais gosta.
- Ter um peso saudável, viver em harmonia e sem estresse.

O que provoca a celulite

- Uma alimentação desequilibrada, rica em gordura e em alimentos refinados.
- O consumo de sal. Ele favorece a retenção de líquidos, causando inchaços.
- Alimentos embutidos, em conserva, salgadinhos industrializados, aves processadas (*nuggets*), queijos (parmesão, roquefort, provolone, cheddar), patês, bolachas e pães recheados.
- Alimentos fritos, gordurosos e calóricos. Eles prejudicam a circulação, impedindo a nutrição da pele.
- Refrigerantes. Eles possuem sódio, um componente do sal.
- Tortas e doces em excesso. Eles ocasionam aumento de peso pela grande quantidade de açúcar e gordura que contêm.
- Bebidas alcoólicas, café e tabagismo.
- Sedentarismo.

Dicas

- Utilize o sal marinho, que contém menos cloreto de sódio, o responsável pela retenção de água.
- Faça uma alimentação rica em fibras, pois elas ajudam o corpo a eliminar toxinas.
- Evite usar roupas justas e apertadas, porque elas prejudicam a circulação.

Receita light
MOUSSE DE AMEIXA E BANANA

Rende 4 porções – 100kcal a porção

Ingredientes:
9 ameixas pretas secas sem caroço
1 banana caturra em fatias
2 colheres (sopa) de leite desnatado em pó
¾ de xícara de leite desnatado
1 envelope de gelatina sem sabor
¼ de xícara de água

Modo de preparo: Cozinhe as ameixas em pouca água. Bata no liquidificador, acrescentando água até completar 1 xícara. Junte a banana e o leite em pó misturado com o leite líquido. Dissolva a gelatina em água quente, adicione à mistura de ameixa e bata por 1 minuto. Coloque num prato e leve à geladeira para firmar.

REJUVENESCIMENTO

Alimentos antioxidantes e hábitos saudáveis de viver favorecem o rejuvenescimento do corpo. Isso inclui:

- Baixo consumo de açúcar, sal, gorduras saturadas, colesterol e calorias;
- Consumo abundante de água;
- 6 refeições diárias variadas, coloridas e ricas em vitamina C;
- Equilíbrio em proteínas, gorduras insaturadas, carboidratos, vitaminas, minerais e fibras;
- Consumo de frutas e verduras cruas, para preservar os nutrientes que são perdidos no cozimento;
- Consumo de alimentos orgânicos, sem agrotóxico;
- Consumo de peixe pelo menos 3 vezes por semana;
- Uso de óleos vegetais;
- Peso saudável;
- Exercícios regulares, prazerosos e relaxantes;

- Modo correto de respirar;
- 8 horas diárias de bom sono;
- Pensamentos positivos.

O consumo rotineiro de certos alimentos, o excesso de radicais livres e alguns estilos de vida favorecem o envelhecimento.

Os principais fatores do envelhecimento:
- Alimentos refinados e sem fibras – pães brancos, massas de pizzas, macarrão e folhados;
- Açúcar refinado – doces, sorvetes, bombons e tortas cremosas;
- Alimentos calóricos, carnes gordas, frituras, margarina e manteiga;
- Sal em excesso;
- Café em excesso;
- Refrigerantes, enlatados e embutidos;
- Alimentos com agrotóxicos;
- Obesidade;
- Falta de exercício físico;
- Álcool, fumo, drogas, poluição e excesso de sol;
- Ausência de uma respiração correta;
- O sono imperfeito;
- Doenças degenerativas;
- Estresse emocional e físico crônico.

Dica

- Não é demais lembrar que uma alimentação preventiva deve ser praticada a partir dos 30 anos para promover a saúde e a longevidade.

Receita light
MUFFIN DE CENOURA E LINHAÇA

Rende 24 porções – 124kcal a porção

Ingredientes:
3 xícaras de farinha de trigo integral
1 colher (sopa) de fermento
½ colher (chá) de bicarbonato de sódio
1 colher (chá) de especiarias
½ xícara de açúcar mascavo
1 cenoura grande ralada
4 colheres (sopa) de sementes de linhaça
1 pote de iogurte natural desnatado
1 xícara de leite desnatado
3 colheres (sopa) de óleo vegetal
3 claras ligeiramente batidas

Modo de preparo: Numa vasilha, misture a farinha, o fermento, o bicarbonato, as especiarias, o açúcar mascavo, a cenoura e as sementes de linhaça. À parte, junte o iogurte, o leite, o óleo e as claras e, mexendo, acrescente à mistura das farinhas. Misture bem. Unte as forminhas de muffin, coloque a massa e asse por 20 minutos a 200 graus. Deixe os muffin dourados.

ESTRESSE X ALIMENTAÇÃO

Preocupações, violência, excesso de trabalho, pressa, cansaço, noites maldormidas, irritação, ansiedade, tensão muscular e falta de disposição para as atividades diárias são manifestações do estresse que afetam a alimentação, a digestão, o sono e a saúde em geral. Alimentar-se de maneira correta ainda é a melhor forma de amenizar os efeitos do estresse. Mas você também pode adotar outras medidas para evitá-lo. Veja abaixo.

Mudanças para o bem-estar e uma rotina sem estresse

- Adote uma alimentação equilibrada, leve e de baixas calorias.
- Faça 6 pequenas refeições ao longo do dia, estabelecendo horários num intervalo de 3 em 3h.
- Beba muita água.
- Evite o café, chocolate, chimarrão, refrigerantes, álcool e fumo. São estimulantes, aumentam a ansiedade e podem atrapalhar sua noite de sono.

- Não consuma alimentos gordurosos e picantes, pois dificultam a digestão.
- Em estresse, o corpo utiliza as reservas de vitaminas e minerais. Para fazer esta reposição, consuma frutas e verduras.
- Faça as refeições em ambiente agradável e tranqüilo. Coma devagar, mastigue e saboreie os alimentos. Não se distraia com a televisão, conversas e leituras.
- Faça exercícios; há técnicas de relaxamento que eliminam o estresse e reforçam o sistema imunológico.
- Estabeleça um horário para dormir, para ter um sono de boa qualidade.
- Procure identificar as causas do seu estresse e afastá-las. Se não for possível, mude sua forma de agir com uma atitude mental positiva. Seja mais otimista!

Dica

- Alimentos que ajudam a vencer um período de estresse: alface, espinafre, couve, tomate, abóbora, cenoura, beterraba, batata cozida, banana, melão, mamão, abacaxi, morango, laranja, bergamota, limonada, suco de maracujá, noz, castanha-do-pará, óleos vegetais, cereais integrais, grão-de-bico, soja, iogurte light, queijos e carnes magras.

Receita light
ROCAMBOLE DE ESPINAFRE
Rende 8 fatias – 240kcal a porção

Ingredientes para a massa:
1 maço de espinafre limpo (somente as folhas)
250g de ricota fresca
1 colher (sopa) de cebola picada
1 colher (sopa) de nozes picadas
1 clara
sal a gosto
1 colher (café) de noz-moscada
6 pedaços de massa verde fresca para lasanha

Para o molho:
1 colher (sopa) de azeite
1 colher (sopa) de cebola ralada
2 dentes de alho picados
4 tomates frescos cortados em cubos
sal a gosto
1 xícara (chá) de tomate sem pele batido no liquidificador
1 colher (sopa) de manjericão fresco
1 colher (sopa) de parmesão

Modo de preparo: Lave o espinafre, cozinhe em uma panela até murchar. Não precisa acrescentar água. Retire, esprema e pique. Numa vasilha, amasse a ricota e acrescente o espinafre picado, a cebola, as nozes, a clara, o sal e a noz-moscada. Misture e reserve. Cozinhe a massa da lasanha. Retire-a e coloque sobre um filme plástico, formando um retângulo. Espalhe o recheio sobre ela e enrole-a, utilizando o plástico; embrulhe apertando bem o rocambole. Leve à geladeira por 20 minutos. Numa panela aqueça o azeite. Junte a cebola e o alho e refogue. Acrescente o tomate, o sal e o tomate batido. Refogue até que o molho fique grosso. Por último coloque o manjericão e retire do fogo. Tire o plástico do rocambole, coloque-o em um prato refratário e cubra-o com o molho. Leve ao forno por 15 minutos. Retire, polvilhe com o parmesão e sirva.

ALIMENTAÇÃO NO INVERNO

No inverno, o corpo precisa de mais energia para manter a temperatura interna e, conseqüentemente, de um maior consumo de alimentos e calorias. Nessa estação, o corpo gasta 10% a mais de calorias se comparado ao verão. Por isso, para quem deseja emagrecer, saiba que o resultado é mais rápido nessa estação, desde que não se aumentem as calorias e se mantenha uma alimentação equilibrada e saudável. É claro que não é tão simples assim, porque o apetite no inverno costuma aumentar. Sentimos menos vontade de comer saladas e frutas, e o caminho é para os alimentos quentes e mais calóricos.

O que devemos fazer? A resposta está no equilíbrio, e não na privação dos sabores que acompanham o inverno.

Mesmo que seja necessário aumentar o consumo de alimentos, deve-se dar preferência aos com pouco açúcar e gordura. Se você for saborear um delicioso *fondue* ou uma feijoada, escolha alimentos light para as outras refeições.

As sopas, tão apreciadas nessa época, devem fazer parte do cardápio. Para o jantar, são uma ótima opção, pois aquecem seu corpo e são de fácil digestão. O consumo de legumes e verduras é importante porque auxilia na prevenção das gripes e resfriados, comuns no inverno.

Não esqueça dos líquidos, pois o frio úmido e o vento ressecam a pele e aumentam a perda de líquidos corporais.

Dicas

- Tome chá verde, que, além de aquecer e hidratar, tem propriedades antioxidantes.
- Malhe muito no inverno. Como nesta época passamos a maior parte do tempo com o corpo coberto, reparamos menos na nossa forma física, e a tendência é diminuir o exercício.

Receita light
FONDUE DE QUEIJO
Rende 4 porções – 440kcal a porção*

Ingredientes:
1 dente de alho
1 xícara (chá) de leite desnatado
1 colher (sobremesa) de farinha de trigo
2 xícaras (chá) de queijo prato light ralado

1 pacote de cream cheese light
1 copo de requeijão light
sal a gosto
1 colher (café) de noz-moscada
100ml de vinho branco seco

Modo de preparo: Passe o alho numa panela antiaderente. Dissolva a farinha de trigo no leite, junte o queijo prato e derreta em fogo baixo. Mexa para não grudar. Adicione o cream cheese, o requeijão e o vinho e mexa até obter um creme. Tempere com sal e noz-moscada. Coloque o creme na panela de fondue. Acompanhe o fondue com 16 fatias de pão de sanduíche light amanhecido. Corte em pequenos pedaços e sirva.

*Obs.: a porção do fondue tradicional com o pão tem mais de 650kcal.

ALIMENTAÇÃO NO VERÃO

No verão, modificar o cardápio é essencial para adquirir o peso desejado. Como vimos, o corpo no inverno necessita de mais calorias que no verão, e naturalmente temos mais fome e consumimos alimentos mais calóricos. Se este consumo continua o mesmo quando chega o verão, o resultado será o aumento de peso.

Felizmente, o calor pede alimentos menos calóricos, de fácil digestão e líquidos em abundância, para repor as vitaminas e minerais perdidos na transpiração. Nesta estação, a sua melhor parceira deve ser a água, escolha alimentos que apresentem muita água em sua composição. Não faça das verduras a sua refeição principal, inclua carnes e carboidratos, eles também são necessários para o corpo. Varie os alimentos e as cores, e sua alimentação ficará rica em vitaminas e minerais.

Dicas

- Alimentos indicados no verão, por conterem bastante água na sua composição e serem de fácil digestão: saladas de frutas e verduras, sucos naturais, melancia, abacaxi, uva, pêssego, ameixa, iogurte, milho, sanduíche e peixe.

- O betacaroteno presente no mamão, manga, cenoura e abóbora estimula a produção de melanina, garante uma pele saudável e um bronzeado mais intenso e duradouro.
- No verão, o exercício físico é mais praticado. Não esqueça de comer alimentos ricos em potássio, para evitar cãibras. Banana, melão, tomate e batata são boas fontes.
- Tome banho de sol moderadamente. Lembre-se, o excesso produz radicais livres.
- O milho é um bom lanche na beira da praia, uma espiga tem 130kcal. O que deve ser eliminado é a margarina, que muitas vezes é acrescentada.
- Água de coco é uma maneira deliciosa de saciar a sede, repõe a perda de minerais causada pela transpiração e possui apenas 68kcal.
- Tente evitar camarão, peixe e pastel fritos; são altamente calóricos e de difícil digestão. Prefira-os cozidos ou assados.
- Prefira os picolés de frutas. Eles possuem menos calorias e são mais saudáveis.

Receita light
SUNDAE DE MAMÃO
Rende 1 porção – 170kcal

Ingredientes:
75g de queijo cottage
¼ de colher (chá) de raspas de limão
½ mamão papaia sem sementes
2 colheres (chá) de calda de chocolate light

Modo de preparo: Numa vasilha, misture o cottage e a raspas de limão. Tampe e leve à geladeira por 1 hora. Recheie o mamão com a mistura do queijo e acrescente a calda de chocolate por cima.

GRAVIDEZ E AMAMENTAÇÃO

A gravidez, seguida da amamentação, é um período que exige maior esforço do corpo da mulher. Assim, a alimentação da mãe deve ser saudável, apresentar nutrientes indispensáveis para o seu próprio corpo e para a formação do bebê, o que influenciará no peso, no desenvolvimento físico-emocional da criança e na produção do leite. O aumento de peso deve ser gradativo e não ultrapassar de 9 a 12kg, sendo necessário para o crescimento do corpo da mãe, do bebê e para a amamentação. Uma dieta equilibrada garantirá o retorno ao peso desejado.

Nutrientes essenciais
- Proteína – laticínios, carne magra e arroz com feijão.
- Ferro – carnes, feijão e lentilha.
- Cálcio – laticínios magros e verduras de folhas escuras.
- Ácido fólico: brócolis, laranja, banana e cereais integrais.

- Vitamina B12: produtos de origem animal.
- Vitamina C: acerola, kiwi, limão e laranja.

Dicas

- Tome suco cítrico nas refeições, para aumentar a absorção de ferro.
- De preferência esteja com peso saudável antes da gravidez. Não se deve fazer regime durante a gestação.
- No terceiro mês é necessário acrescentar 300kcal diárias na alimentação.
- Para evitar e combater os enjôos e a azia, faça 6 refeições diárias em pequenas quantidades.
- Evite o açúcar, sal, alimentos gordurosos e com cheiro forte, frituras, café, chá preto, chocolate, condimentos, alho, refrigerantes, álcool, cigarro e adoçantes (use os permitidos, como frutose, steviosídeo e sucralose);
- Para eliminar a flatulência, reduza o consumo de couve-flor, repolho, brócolis e alho e mastigue lentamente.
- Consuma muita água entre as refeições, de 2 a 3 litros diariamente.
- Faça exercícios físicos. Uma boa indicação é a hidroginástica.
- Atenção: cafeína, álcool e fumo podem passar para o bebê através do leite;

- A sucção do bebê no peito aumenta a produção do leite;
- Até os 6 meses, o leite materno é o alimento mais completo e perfeito para o bebê. É essencial para o seu desenvolvimento, transmite amor e carinho e dá imunidade às doenças.

Receita light
FILÉ DE FRANGO RECHEADO COM ESPINAFRE
Rende 4 porções – 190kcal a porção

Ingredientes:
4 filés de peito de frango
4 colheres (sopa) de caldo de frango

Para o recheio:
8 folhas de espinafre rasgadas
1 cenoura grande cortada em tiras
1 aipo cortado em tiras

Modo de preparo: Bata os filés com um batedor, para deixá-los mais finos. Cozinhe no vapor o espinafre, a cenoura e a aipo. Passe-os por água corrente para esfriar e retire bem a água. Tempere com sal. Sobre os peitos de frango, coloque numa das pontas o espinafre, a cenoura e o aipo. Dobre os peitos cobrindo o recheio. Acrescente por cima o caldo de frango. Feche as bordas do frango e coloque-os em uma assadeira. Asse por 20 minutos a 200ºC até os filés ficarem macios.

TPM

TPM, ou Tensão Pré-Menstrual, é um conjunto de sintomas e sinais físicos, psicológicos e comportamentais decorrentes de oscilações hormonais que ocorrem de 1 a 15 dias antes da menstruação, no chamado período pré-menstrual, e desaparecem durante o período menstrual.

Durante este período, há retenção de líquidos, levando a inchaços nas mãos e pés, dores nas mamas e musculares. Ocorrem também cólicas, aumento de peso, distensão abdominal, dor de cabeça, acne e constipação. Irritabilidade, choro fácil, ansiedade, alteração do desejo sexual, preferência por doces, sonolência e baixa auto-estima também são alguns de seus sintomas.

Na TPM, a mulher fica instável emocionalmente pela diminuição da serotonina, neurotransmissor responsável pelo bem-estar e pela tranqüilidade.

Para amenizar os sintomas da TPM, inicie uma alimentação equilibrada 5 dias antes do período pré-menstrual.

Vitaminas e minerais importantes neste período

- Vitamina A – peixes de água fria, cenoura, abóbora, mamão e pêssego.
- Vitamina E – germe de trigo, óleos vegetais, nozes e cereais integrais.
- Vitamina B6 – frango, feijão, soja e banana.
- Cálcio – laticínios e queijos.
- Magnésio – vegetais verde-escuros, maçã, figo e amêndoas.
- Zinco – carnes em geral, leite e castanha-do-pará.

Dicas

- Os carboidratos favorecem a ativação desse neurotransmissor, dando uma sensação de saciedade e calma e diminuindo o desejo por doces.
- Faça 6 refeições ao dia. O número de calorias diárias deve ser de 1.200 a 1.500.
- Reduza o consumo de sal, gorduras, cafeína, refrigerantes, chocolate, álcool, açúcar e alimentos industrializados.
- Substitua os carboidratos refinados por integrais. Aumente o consumo de cereais, aveia e arroz. O alimento integral evita a constipação pela presença de fibras.

- Consuma alimentos que façam o corpo eliminar a água e, conseqüentemente, o inchaço, como morango, melancia, melão, alface, pepino e agrião;
- Tome 2 litros de água por dia, para desaparecer o inchaço.
- Pratique exercícios físicos e faça massagem relaxante. Eles aumentam a circulação linfática, que elimina o excesso de líquidos do corpo.
- Evite o cigarro.

Receita light
COOKIES DE AVEIA E CANELA
Rende 12 porções – 66kcal a porção

Ingredientes:
1 xícara (chá) de farinha integral
½ xícara (chá) de aveia em flocos integral
4 colheres (sopa) de adoçante próprio para ir ao fogo
1 colher (sopa) de casca de laranja
1 colher (sobremesa) de fermento em pó
½ colher (chá) de bicarbonato de sódio
1 colher (chá) de canela em pó
½ colher (café) de sal
1 colher (sopa) de óleo vegetal

½ xícara de leite desnatado
2 colheres (sopa) de iogurte natural desnatado

Modo de preparo: Aqueça o forno. Numa vasilha, coloque a farinha, a aveia, o adoçante, a casca de laranja, o fermento, o bicarbonato, a canela e o sal. Junte o óleo, o leite e o iogurte. Misture com uma colher de pau até obter uma massa. Com auxílio de duas colheres de sobremesa, coloque porções dos cookies em uma assadeira untada, deixando um espaço de 2cm entre cada cookie. Asse em forno médio por 20 minutos até dourar. Retire do forno, polvilhe levemente com canela e deixe esfriar completamente.

ALIMENTAÇÃO NA MATURIDADE

Com o passar dos anos, ocorre uma diminuição do metabolismo basal, da musculatura e da atividade física e um aumento de gordura corporal, exigindo uma alimentação de baixas calorias. As pessoas que não conseguem diminuir a ingestão de calorias estão sujeitas ao aumento de peso e ao risco de obter doenças.

Os vegetais, frutas, fibras, carnes magras, carboidratos e gorduras insaturadas devem estar presentes em seu cardápio diário. O que deve ser reduzido são somente as calorias, e não os alimentos. Consuma alimentos ricos em cálcio, eles previnem a osteoporose e mantêm os ossos saudáveis.

Faça 6 refeições diárias, em pequenas porções e com pouca gordura, para ter uma melhor digestão.

Tenha diariamente em seu cardápio alimentos antioxidantes, para impedir o envelhecimento, doenças degenerativas e resfriados e para melhorar a visão e o sistema imunológico.

Dicas

- Alimentos ricos em cálcio: laticínios magros, brócolis, espinafre e sardinha.
- Faça caminhadas ao ar livre. A exposição moderada ao sol e o exercício físico são úteis para melhor absorção do cálcio. Além disso, você estará contribuindo para sua saúde mental e física e para manter um peso saudável.
- Não é preciso sentir sede para tomar líquidos, pois a água é vital para o corpo. Oito copos por dia é o indicado.
- Não abuse de sal, açúcar, álcool, alimentos gordurosos e medicamentos. Isso pode fazer mal a sua saúde.
- Torne as refeições prazerosas, escolha alimentos coloridos e ambientes agradáveis.
- Mantenha o convívio social.
- Se precisar ingerir medicação com auxílio de líquidos, a melhor opção é a água.

Receita light
FIGO RECHEADO COM PASTA DE QUEIJO E NOZES

Rende 4 porções – 120kcal a porção

Ingredientes:
8 figos com casca
½ xícara (chá) de ricota fresca
sal a gosto
1 colher (sopa) de molho inglês
1 colher (sopa) de requeijão light
1 colher (sopa) de nozes picadas
4 nozes cortadas pela metade

Modo de preparo: Com uma colher, retire a polpa do figo sem danificar a casca. Coloque numa vasilha as polpas do figo, a ricota, o sal, o molho inglês, o requeijão e as nozes. Misture até obter uma pasta. Com um saco de confeitar, encha as cascas de figo com a pasta. Para decorar, coloque as nozes em cima do figo e leve à geladeira até a hora de servir. As nozes podem ser substituídas por avelãs, amêndoas ou castanhas-do-pará.

AÇÚCAR REFINADO E AMIDO

Já falamos num capítulo anterior sobre os carboidratos em geral e especificamente das vantagens dos carboidratos integrais. Agora vamos tratar do açúcar refinado e do amido, que se encontram no topo da pirâmide alimentar.

Os amidos são carboidratos encontrados principalmente em cereais que comemos diariamente. Sua principal função é fornecer energia. São degradados *lentamente* em glicose, a qual alimenta o corpo e o cérebro. Estes alimentos fornecem outros nutrientes, como proteínas, gorduras, vitaminas, minerais e fibras.

Já o açúcar refinado só adiciona sabor e calorias extras a nossa alimentação, não fornece nutrientes e, portanto, é chamado de caloria vazia. O grande problema do açúcar é que causa uma rápida elevação da glicose sanguínea. O seu consumo normalmente é em excesso. Por isso, é prejudicial à saúde, contribuindo para diabetes, câncer e doenças cardiovasculares, obesidade, envelhecimento, acne e cárie.

O consumo diário de açúcar refinado, inclusive o acrescentado no alimento industrializado, deve ser de até 10% das calorias diárias. Para uma alimentação de 1.500kcal, a quantidade deve ser de 37 gramas de açúcar, que correspondem a 150kcal. Atenção: o atual consumo médio é de 200 gramas por dia. Também o açúcar granulado, o mascavo, o cristal e o de confeiteiro devem ser consumidos em poucas quantidades.

Dicas

- Evite refrigerantes, chás e sucos que contenham açúcar. Prefira a água.
- Se você não toma café sem açúcar, tente mudar seu hábito: coloque a metade do açúcar que costuma usar.
- Quando sentir vontade de comer doce, procure saciá-la com sobremesas light ou frutas que também contêm pequenas quantidades de açúcar. Desta maneira, você não evita o doce e beneficia sua saúde.
- De preferência, utilize os adoçantes para substituir o açúcar.
- Leia os rótulos dos alimentos. Atenção: 1 latinha de refrigerante tipo cola possui 31 gramas de açúcar.
- Lembre-se: o problema está no excesso, e a solução, na moderação.

Receita light
AMBROSIA
Rende 6 porções – 80kcal a porção

Ingredientes:
500ml de leite desnatado
4 gemas
2 claras
casca de limão
4 envelopes de adoçante stévia para forno e fogão

Modo de preparo: Adoce o leite, junte a casca de limão e leve ao fogo para ferver. Bata as claras em neve e junte as gemas uma por uma, sempre batendo. Despeje esta mistura sobre o leite fervente e deixe em fogo brando até os ovos cozinharem, sem mexer. Em seguida, misture a preparação com uma colher de pau e mantenha em fogo brando, sempre mexendo, até que o leite seque e o doce fique cozido, como ambrosia.

ÍNDICE GLICÊMICO

O índice glicêmico mede a capacidade que os carboidratos têm de aumentar o açúcar sanguíneo. Toda vez que ingerimos carboidratos, estes entram na corrente sanguínea com velocidades diferentes. Os alimentos com alto índice glicêmico elevam rapidamente o açúcar sanguíneo, liberando muita insulina e resultando em formação de gordura corporal. Esta é a razão pela qual o índice glicêmico está sendo utilizado pelos nutricionistas, pois através dele são controlados o açúcar sanguíneo, o emagrecimento e a melhora da saúde em geral.

O índice glicêmico pode ser influenciado pelo teor de fibras e de gordura, que reduzirá o açúcar sanguíneo. No entanto, o modo de preparar, amassar, triturar e ralar e o cozimento do alimento poderão aumentar a absorção de açúcar e elevar o índice glicêmico.

Índice glicêmico de alguns alimentos

Açúcar 100%
Cenoura 80%
Pão branco 70%

Arroz branco 70%
Macarrão 60%
Arroz integral 50%
Banana 50%
Pão de centeio integral 40%
Maçã 40%
Iogurte 30%

Dica

- Os carboidratos de índice glicêmico baixo elevam lentamente o açúcar e devem ser consumidos antes do exercício, para fornecer energia contínua durante um prolongado período de tempo, mantendo os níveis de açúcar sanguíneo normais. Já os de índice glicêmico alto elevam rapidamente o açúcar, sendo melhor consumi-los durante ou depois do exercício. Fornecem energia rápida para recuperar-se do esforço.

Receita light
SANDUÍCHE CANADENSE

Rende 2 porções – 185kcal a porção

Ingredientes:
½ pote de iogurte natural desnatado de consistência firme
1 colher (sobremesa) de suco de limão

1 colher (sobremesa) de azeite de oliva
2 fatias de pão de centeio integral
½ colher (sopa) de mostarda
100g de salmão defumado
sal a gosto

Modo de preparo: Faça um molho com o iogurte, o limão, o azeite de oliva e o sal. Toste as fatias de pão de centeio e passe sobre elas uma camada fina de mostarda. Coloque o salmão defumado cobrindo a fatia do pão e acrescente 2 colheres (sopa) do molho.

LIGHT X DIET

ALIMENTOS E BEBIDAS LIGHT

São aqueles que apresentam uma redução de no mínimo 25% de calorias e/ou de um nutriente em relação aos tradicionais. Possuem baixos teores de sódio, açúcares, gorduras, colesterol ou calorias.

ALIMENTOS E BEBIDAS DIET

São aqueles com ausência de algum nutriente, que pode ser açúcar, gordura, proteína ou sódio. No entanto, não quer dizer que ocorra uma redução nas calorias do alimento. Exemplos são os alimentos para diabéticos, que devem ser totalmente isentos de açúcares, e aqueles para pessoas com problemas cardiovasculares, em que a restrição deve ser de gordura.

Nos chocolates diet ou sorvetes diet desenvolvidos para diabéticos, todo o açúcar utilizado na fabricação é substituído por adoçante. Esta substituição modifica a textura do alimento. Para conseguir a textura habitual, adiciona-se mais gordura, o que faz com que as calorias do produto diet tornem-se equivalentes às dos produtos tradicionais. São alimentos inviáveis para o emagrecimento.

Dica

- Vários alimentos e bebidas light possuem açúcar, portanto, a pessoa com diabetes deve ficar atenta e não consumi-los.
- Os produtos diet devem ser utilizados somente por pessoas que possuem alguma restrição alimentar.

Receita LIGHT
CHEESECAKE COM COBERTURA DE MORANGO

Rende 10 porções – 140kcal a porção

Ingredientes da massa:
3 colheres (sopa) de margarina light
1 xícara de biscoitos cream-cracker quebrados
2 colheres (sopa) de açúcar mascavo

Ingredientes para o recheio:
400g de ricota
1 pote de iogurte natural desnatado, de consistência firme

3 claras
1/3 de xícara de adoçante (sacarina e ciclamato)
1 colher (chá) de essência de baunilha
1 colher (chá) de essência de amêndoa

Para a cobertura:
10 morangos

Modo de preparo: Preaqueça o forno. Derreta a margarina. Misture a margarina, o biscoito e o açúcar para formar uma farofa e aperte-a bem no fundo de uma fôrma. Leve ao forno em temperatura média até endurecer. Reserve. Misture os ingredientes do recheio. Bata na batedeira em velocidade máxima até alisar. Leve ao fogo até aquecer bem, mexendo com o batedor de arame a cada 2 minutos. Despeje a mistura sobre a massa e coloque no forno em temperatura média até o centro da torta estar quase firme. Leve à geladeira por no mínimo 6 horas. Decore com fatias de morangos.

Receita DIET
CREME DE KIWI
Rende 1 porção – 70kcal

Ingredientes:
2 folhas de gelatina incolor
2 colheres (sopa) de água quente

100ml de iogurte natural desnatado, consistência firme
1 kiwi
1 colher (sobremesa) de suco de limão
2 colheres (chá) rasas do adoçante stévia

Modo de preparo: Dissolva a gelatina em água quente. Deixe esfriar. Bata no liquidificador o iogurte, o kiwi e o suco de limão. Acrescente a gelatina dissolvida, junte o adoçante e volte a bater até formar um creme. Coloque em uma taça e leve à geladeira. Na hora de servir decore com uma fatia de kiwi.

ADOÇANTES

São uma alternativa para os diabéticos e para as pessoas que evitam o açúcar mas desejam o doce. Podem ser naturais ou artificiais. Os adoçantes artificiais podem ser utilizados nos produtos diet, pois não alteram a glicose sanguínea. São os indicados para quem tem diabetes.

Naturais

- FRUTOSE – extraído das frutas. Adoça 2 vezes mais que o açúcar. Fornece 4kcal por grama. Pode alterar a glicose sanguínea. Seu uso é permitido para gestantes e crianças.
- STEVIOSÍDEO – adoçante natural extraído da planta stévia. Adoça 300 vezes mais que o açúcar. Não fornece calorias. Não altera a glicose sanguínea. Permitido para gestantes.
- SORBITOL – presente na ameixa. Adoça 0,5 vezes mais que o açúcar. Fornece 2,4kcal por grama. Pode alterar a glicose sanguínea. Seu consumo em excesso pode ser laxante.

Artificiais

- ASPARTAME – sabor parecido com o do açúcar. Adoça 200 vezes mais que o açúcar. Fornece 4kcal por grama. Não é indicado para pessoas portadoras de fenilcetonúria e gestantes. Perde sua doçura em altas temperaturas.
- SACARINA – apresenta gosto residual. Adoça 300 vezes mais que o açúcar. Não fornece calorias. É estável a altas temperaturas, portanto pode ser usado para cozinhar.
- CICLAMATO – é associado à sacarina, porque faz desaparecer o gosto amargo dela. Adoça 35 vezes mais que o açúcar. Não fornece calorias. Pessoas com hipertensão devem evitar, pois é combinado com sódio.
- SUCRALOSE – produzido a partir do açúcar. Adoça 600 vezes mais que o açúcar. Não fornece calorias. Também resiste a altas temperaturas, podendo ser usado para cozinhar. Pode ser consumido por diabéticos, gestantes e crianças.
- ACESULFAME K – adoça 200 vezes mais que o açúcar. Zero de calorias.

Dica

- Utilize os adoçantes com moderação.

Receita light
TORTA DE RICOTA COM PASSAS
Rende 12 porções – 90kcal a porção

Ingredientes:
300g de ricota
2 gemas
1 clara
½ vidro de leite de coco light
1 xícara de leite condensado diet
½ copo de leite em pó desnatado
2 colheres (sopa) de frutose
1 colher (sopa) de stévia
1 colher (chá) de margarina light
½ xícara de água
raspa de limão
baunilha
20g de passas de uvas pretas misturadas com brancas

Modo de preparo do leite condensado diet: Coloque no liquidificador o leite em pó, os adoçantes, a margarina e a água. Bata por 15 minutos, até ficar consistente. Acrescente os outros ingredientes, menos a clara e as passas. Bata até obter uma massa. Despeje numa vasilha, acrescente a clara em neve e misture bem. Coloque a massa numa fôrma de torta, acrescente por cima as passas envoltas em maisena. Leve ao forno médio por 20 minutos, sem deixar dourar.

EU SÓ QUERO CHOCOLATE...

O chocolate tem altas quantidades de gordura saturada, é rico em açúcar e calorias, mas nunca é dispensado. Por quê?

- Apresenta um sabor incomparável e produz uma sensação macia e aveludada.
- Eleva os níveis de serotonina, o neurotransmissor responsável pela sensação de prazer e bem-estar.
- Contém cafeína e teobromina, substâncias que causam euforia e entusiasmo.
- É afrodisíaco.
- Possui flavonóides, compostos antioxidantes que evitam a formação de radicais livres.

O grande consumo de chocolate dá início a um ciclo vicioso. A pessoa come e sente-se bem e confortada, mas essa sensação é passageira e, quando acaba, ela consome mais chocolate. É importante ter bom senso no consumo.

Chocolate x aumento de peso – Não há problemas em acrescentá-lo a uma alimentação saudável. A sugestão é ingerir 15g por dia, ½ barrinha = 75kcal, após o almoço, sem ocorrer aumento de peso.

Chocolate x acne – Este problema de pele está relacionado a fatores hormonais, estresse, oleosidade, mas não diretamente ao consumo de chocolate.

Dica

- O chocolate diet é direcionado a pessoas diabéticas e tem as mesmas calorias que o tradicional.

Receita light
PETIT GÂTEAU

Rende 5 porções – 163kcal a porção

Ingredientes:
100g de chocolate meio-amargo
40g de margarina light
3 colheres (sopa) de adoçante stévia forno e fogão
1 ovo
2 gemas
1 colher (café) de essência de baunilha
40g de farinha de trigo

Modo de preparo: Coloque o ovo e o adoçante numa batedeira e bata até obter um creme branco.

No mesmo momento, comece a derreter o chocolate com a margarina em banho-maria. Misture o chocolate com a margarina ao creme branco. Acrescente a essência de baunilha e a farinha peneirada e mexa delicadamente. Unte as forminhas individuais com óleo. Coloque a massa nas forminhas. Ligue o forno em temperatura média. Leve as forminhas ao forno preaquecido e asse por cerca de 6 minutos. Retire do forno e passe uma faca ao redor da forminha, para que o *petit gâteau* se desprenda da borda. Vire sobre o prato e sirva a seguir. O *petit gâteau* fica assado por fora e derretido por dentro.

DIABETES MELLITUS

O diabetes é causado pelo desequilíbrio na produção da insulina, um hormônio elaborado pelo pâncreas que atua no metabolismo dos carboidratos, resultando em excesso de açúcar sanguíneo, pois o mesmo não consegue entrar nas células. Existem dois tipos de diabetes.

O diabetes tipo 1 ou insulinodependente ocorre em crianças e jovens. Há uma falta total de insulina no organismo, sendo necessárias injeções diárias deste hormônio para se manter em boas condições de saúde.

O diabetes tipo 2 ou não-insulinodependente está relacionado a adultos obesos. Esses indivíduos podem ser resistentes à insulina e apresentar um nível de insulina superior ao normal ou ter uma deficiência parcial da mesma. É possível ser controlada com medicamentos orais ou somente com a alimentação.

Os tratamentos para pessoas com diabetes estão melhores do que nunca. Os médicos e nutricionistas estimulam os diabéticos a ter responsabilidade pela sua saúde, um cuidado especial com a alimentação e a fazer exames regulares.

A alimentação saudável é necessária por toda a vida, para não haver complicações crônicas.

Dicas

- Faça 6 refeições diárias, pois assim será mais fácil controlar o açúcar no sangue.
- Varie a alimentação, é importante.
- Fique atento para os alimentos com índice glicêmico alto. Evite-os.
- Valorize o consumo de fibras através das frutas, vegetais, leguminosas e carboidratos integrais.
- Evite gorduras, frituras, açúcares, sal e o álcool.
- Substitua o açúcar por adoçantes que não alterem a glicose sanguínea. São eles: steviosídeo, aspartame, sacarina, ciclamato, sucralose e acesulfame K.
- Monitore a glicemia.
- Beba bastante água, seu consumo é vital.
- Mantenha um peso saudável.
- Faça exercícios físicos diariamente.
- Controle o estresse emocional e físico.

Receita light
SUNDIET
Rende 2 porções – 168kcal a porção

Ingredientes:
2 bolas (50g cada) de frozen diet de chocolate
2 bolas de frozen diet de creme
2 bolas de frozen diet de morango
2 unidades de merengue diet
2 colheres (sopa) de doce de leite diet
2 unidades de *waffel* de chocolate diet
2 folhinhas de hortelã

Modo de preparo: Em uma taça para sundae, coloque na base 1 colher de doce de leite diet. Corte 1 unidade de *waffel* em vários triângulos. Coloque 3 unidades de triângulos sobre o doce de leite e acrescente 1 bola de chocolate. Intercale os restantes dos triângulos de *waffel* com 1 bola de morango e 1 bola de creme. Com a taça de sundae já montada, acrescente 1 merengue e 1 folhinha de hortelã para decorar.

COLESTEROL

O colesterol é um tipo de gordura produzida no corpo e também presente nos alimentos de origem animal. É fundamental, pois faz parte da membrana das células e produz hormônios e vitamina D. Porém, um alto nível de colesterol sanguíneo está associado a doenças cardíacas, porque é depositado nas artérias do coração e do cérebro, provocando infarto e derrame. Existem dois tipos de colesterol: o HDL e o LDL.

O HDL é o chamado bom colesterol, por remover o excesso de colesterol para fora das artérias e enviar ao fígado. Um nível acima de 35mg/dl é o ideal. Quanto mais alto, melhor.

Já o LDL é considerado o mau colesterol, pois do fígado volta para as artérias, favorecendo o seu acúmulo ali. Um nível menor que 130mg/dl é o ideal. Alguns médicos e nutricionistas afirmam que um valor menor que 100mg/dl é mais recomendado. Ainda assim, não deve ser eliminado totalmente. Deve apenas estar em equilíbrio e nunca acima da taxa máxima.

Dicas

- A alimentação deve ter no máximo 300mg de colesterol por dia! Fique atento, 5 camarões médios contêm 124mg e 1 escalope pequeno de carne de gado magra possui 123mg de colesterol.
- Quanto mais consumo de gordura saturada, maior o nível de colesterol sanguíneo. Evite: carne bovina, de porco, pele de ave, frutos do mar, miúdos, embutidos, gema de ovo, laticínios gordos, massa folhada, chocolate, tortas, manteiga, margarina, molhos e frituras.
- Adquira uma alimentação saudável com cereais integrais, frutas, vegetais, carne magra grelhada, laticínios magros, doces light, aveia, feijão, soja e óleos vegetais. As fibras, principalmente as solúveis, diminuem o colesterol.
- Substitua as gorduras saturadas pelas monoinsaturadas e poliinsaturadas, que reduzem o mau colesterol e aumentam o bom colesterol.
- Alimentação desequilibrada, fumo, obesidade, estresse, sedentarismo, genética e idade são fatores de risco para doenças cardíacas.
- Faça pelo menos 30 minutos de exercício físico diariamente, controle o peso e o estresse. Isso reduz o colesterol.
- Faça uma primeira dosagem de colesterol por volta dos 20 anos.

Receita light
CONGRO AO MOLHO DE ALCAPARRA
Rende 4 porções – 207kcal a porção

Ingredientes:
4 filés de congro (150g cada)
1 xícara de caldo de peixe
½ cebola
2 dentes de alho
3 colheres (sopa) de alcaparras passadas na água corrente
2 colheres (sopa) de salsa picada
2 colheres (sopa) de azeite de oliva
sal moderado

Modo de preparo: Preaqueça o forno. Passe sal nos filés e coloque-os num prato refratário. Liquidifique o caldo de peixe, a cebola, o alho, a alcaparra, a salsa e o azeite de oliva. Despeje o molho sobre os filés e leve ao forno alto até cozinhar e dourar.

MOLHOS E CALDOS LIGHT

MOLHO BRANCO
Rende 1 litro
Calorias por 100ml: 94kcal
Calorias por colher de sopa: 16kcal

Ingredientes:
83g de margarina light
83g de farinha de trigo especial
1 litro de leite desnatado
sal
pimenta-do-reino branca

Modo de preparo: Numa panela, derreta a margarina em fogo baixo. Junte a farinha e cozinhe por 1 minuto, mexendo sempre. Retire a panela do fogo e acrescente o leite aos poucos, mexendo. Deixe ferver lentamente, mexendo ou batendo, e continue a cozinhar até a mistura engrossar. Cozinhe suavemente por mais 3 minutos. Retire a panela do fogo e tempere com sal e pimenta-do-reino branca.

MOLHO DE CHOCOLATE
Rende 300ml
Calorias por 100ml: 127kcal
Calorias por colher de sopa: 21kcal

Ingredientes:
15g de cacau em pó
30g de frutose
15g de amido de milho
300ml de leite desnatado
15g de margarina light

Modo de preparo: Peneire o cacau numa tigela, junte a frutose, o amido de milho e um pouco de leite e misture tudo até ficar uniforme. Ponha o leite restante e a margarina numa panela e deixe ferver lentamente. Retire a panela do fogo e adicione o leite quente sobre a mistura do cacau, batendo sempre. Volte o molho à panela e reaqueça suavemente, mexendo sempre, até o molho engrossar. Cozinhe por mais 3 minutos.

CALDO DE CARNE (BRODO)
Rende 1 litro – Calorias: 185 kcal

Ingredientes:
1kg de osso de vitela
100g de cebola

100g de cenoura
2 dentes de alho
1 alho-poró médio
1 talo de aipo
3 tomates maduros
1 cravo
1 *bouquet garni* (amarrado de ervas: salsa, cebolinha, louro, tomilho ou manjerona)

Modo de preparo: Coloque os ossos de vitela em uma assadeira para tostar em forno quente (180ºC); cuide para não queimar. Depois passe-os para uma panela alta, cubra com água fria e deixe ferver. Retire a espuma e os resíduos. Junte o *bouquet garni* e cozinhe em fogo baixo por 2 horas. Deixe descansar durante 20 minutos. Peneire e reserve.

CALDO DE FRANGO (BRODO)
Rende 1 litro – Calorias: 155kcal

Ingredientes:
1kg de ossos de frango
100g de cebola
100g de cenoura
2 dentes de alho
1 alho-poró médio
1 talo de aipo
1 cravo

1 *bouquet garni* (amarrado de ervas: salsa, cebolinha, louro, tomilho ou manjerona)

Modo de preparo: Coloque os ossos de frango quebrados em uma panela alta e cubra-os com água fria. Deixe ferver e retire a espuma e os resíduos com uma escumadeira. Adicione o *bouquet garni* e cozinhe por mais 25 minutos. Peneire e reserve.

CALDO DE PEIXE (BRODO)
Rende 1 litro
Calorias: 165 kcal

Ingredientes:
1kg de espinhas e cabeças de peixe
150g de cebolas
50g de cebolas roxas
50g de cenouras
2 talos de aipo
1 alho-poró pequeno
1 *bouquet garni* (amarrado de ervas: salsa, cebolinha, louro, tomilho ou manjerona)

Modo de preparo: Em uma panela, junte as espinhas e as cabeças de peixe, cubra com água e ponha para ferver. Adicione o *bouquet garni* e deixe ferver por mais 20 minutos. Deixe descansar por mais 10 minutos. Peneire e reserve. Use preferencialmente cabeças de peixe, pois são mais saborosas.

BIBLIOGRAFIA

CLARK, Nancy. *Guia de nutrição desportiva:* alimentação para uma vida ativa. Tradução de Álvaro Reischak de Oliveira. 2. ed. Porto Alegre: Artmed, 1998.

COSTA, Arual Augusto e ALMEIDA NETO, João Sérgio de. *Manual de diabetes: alimentação, medicamentos, exercícios.* 2. ed. São Paulo: Sarvier, 1994.

DUARTE, Luiz José Varo. *Nutrição e obesidade.* Colaboração de Regina Helena Duarte Guerra. 2. ed. Porto Alegre: Artes e Ofícios, 2001.

FAGUNDES, Luiz Alberto. *Ômega-3 e Ômega-6:* o equilíbrio dos ácidos gordurosos essenciais na prevenção de doenças. Porto Alegre: AGE / Fundação de Radioterapia do Rio Grande do Sul, 2002.

FRANCO, Guilherme. *Tabela de composição química dos alimentos.* São Paulo: Atheneu, 1992.

GÜERKE, Arno. *Viva mais e melhor!:* a revisão da qualidade de vida para o novo milênio. São Paulo: Esfera, 1998.

GUTKOSKI, Luiz Carlos e PEDÓ, Ivone. *Aveia: composição química, valor nutricional e processamento.* São Paulo: Varela, 2000.

KORDICH, Jay. *O poder dos sucos: deliciosas receitas*

de sucos para uma vida mais saudável. Tradução de Thereza Monteiro Deutsch. São Paulo: Ática, 1994.

LEIJOTO, Camilo Marassi. *Sua saúde no novo milênio.* 2. ed ver. e ampl. São Paulo: Tecnopress, 2000.

MURRAY, Michael T. *O livro completo dos sucos.* Tradução de Ruy Jungmann. Rio de Janeiro: Record, 2001.

ORNELLAS, Lieselotte H. *Técnica dietética:* seleção e preparo de alimentos. Rio de Janeiro: Julio C. Reis, 2000.

PERRICONE, Nicholas. *Rejuvenescimento total:* um programa de 28 dias do renomado dermatologista para seu rosto e corpo. Tradução de Maria Silvia Maurão Netto. Rio de Janeiro: Campus, 2003.

SIGNORINI, Sérgio L. e SIGNORINI, José L. *O poder antienvelhecimento da nutrição ortomolecular.* São Paulo: Ícone, 1997.

TONETTO, Helena e TONETTO, Ângela. *100 receitas light.* Porto Alegre: L&PM, 1999.

WAITZBERG, Dan Linetzky. *Nutrição oral, enteral e parenteral na prática clínica.* 3. ed. São Paulo: Atheneu, 2000.

WAY III, Charles W. Van. *Segredos em Nutrição:* respostas necessárias ao dia-a-dia: em *rounds*, na clínica, em exames orais e escritos. Tradução de Jussara N. T. Burnier. Porto Alegre: Artes Médicas Sul, 2000.

WOLKE, Robert L. *O que Einstein disse a seu cozinheiro:* a ciência na cozinha: (inclui receitas). Tradução de Helena Londres. Rio de Janeiro: Jorge Zahar, 2003.

Alimentos Saudáveis, Alimentos Perigosos. 1998, by Reader's Digest Brasil Ltda. Tradução e adaptação brasileira de *Foods That Harm, Foods That Heal*. 1997, London: The Reader's Digest Association Limited.

Guias

Dieta e Saúde: órgão informativo da Kellogs sobre a relação entre a nutrição e a saúde. Ano 6, número 1, 1999.

Guia da saúde familiar com a supervisão médica do Hospital Israelita Albert Einstein – Alimentos e Nutrição. São Paulo: *IstoÉ*.

Guia da saúde familiar com a supervisão médica do Hospital Israelita Albert Einstein – Diabetes. São Paulo: *IstoÉ*.

COPPINI, Luciana, MARCO, Denise e WAITZBERG, Dan L. *Introdução à fibra terapêutica: características e funções*. Linha Fibras Byk.

Fôlderes

Fibras e fatos: como as fibras podem ajudar na sua saúde. Cristina Martins – série alimentação saudável – NutroClínica: divisão educação e assessoria, 1997.

Sódio: sem sal, com gosto! / Cristina Martins – série alimentação saudável – Nutroclínica: divisão educação e assessoria, 1997

Jornais

Caderno Vida – *Zero Hora*

Site

http://nutricao.ufpe.br/piramide.html

SOBRE AS AUTORAS

Ângela e Helena Tonetto são gaúchas de Porto Alegre, ambas com formação em Psicologia pela PUCRS. Iniciaram sua trajetória empresarial em 1986 com a empresa *Substância,* pioneira no Rio Grande do Sul na produção e venda de alimentos light, e com lojas em vários estados do país. Em 17 anos, a empresa, que conta com uma equipe de nutricionistas e engenheiros de alimentos, desenvolveu um exclusivo *know-how* em alimentação saudável, quebrando paradigmas, e hoje é líder de mercado. Foi escolhida, em 2003, pela quarta vez consecutiva "o melhor restaurante light" na pesquisa da revista *Veja/RS.*

ÍNDICE

Apresentação 5
Sumário 7
Palavras das autoras 9
A nova pirâmide alimentar 11
Exercício físico e controle de peso 15
Carboidratos integrais x refinados 18
Fibras alimentares 21
    Fibras solúveis 22
    Fibras insolúveis 24
Água – O elemento vital 26
Gorduras 29
    Gorduras saturadas 29
    Gorduras insaturadas 29
    Gorduras trans 32
Azeite de oliva 34
As gorduras necessárias 37
Hortaliças, as aliadas preciosas 42
Saladas 46
Frutas frescas 50
Frutas secas 54
Frutas oleaginosas 56
    Calorias de algumas frutas oleaginosas 56
Sucos 59
Uma alimentação saudável eliminando os radicais
    livres 62
Antioxidantes – ABC da longevidade 64

Provitamina A	64
Vitamina C	67
Vitamina E	68
Bioflavonóides	70
Zinco	72
Cobre	74
Magnésio	75
Selênio	77
Coenzima Q10	79
Alimento funcional	81
Alho	81
Tomate	84
Soja	86
O poder do chá verde (banchá)	89
Brócolis	90
Uva	92
Eliminando as toxinas	95
Pele bela x alimentação	98
O que faz a pele melhorar	98
O que piora a pele	99
Celulite x alimentação	101
O que combate ou evita a celulite	101
O que provoca a celulite	102
Rejuvenescimento	104
Os principais fatores do envelhecimento	105
Estresse x alimentação	108
Mudanças para o bem-estar e uma rotina sem estresse	108
Alimentação no inverno	112
Alimentação no verão	115
Gravidez e amamentação	118
Nutrientes essenciais	118
TPM	122

Vitaminas e minerais importantes neste período .. 123
Alimentação na maturidade 126
Açúcar refinado e amido 129
Índice glicêmico 132
    Índice glicêmico de alguns alimentos 132
Light x Diet 135
    Alimentos e bebidas light 135
    Alimentos e bebidas diet 135
Adoçantes 139
    Naturais 139
    Artificiais 140
Eu só quero chocolate... 142
Diabetes Mellitus 145
Colesterol 148
Molhos e caldos light 151
Bibliografia 156

ÍNDICE ALFABÉTICO DE RECEITAS

Almôndegas enriquecidas com soja 88
Água com hortelã 28
Ambrosia 131
Arroz vegetariano 24
Bacalhau com grão-de-bico 76
Biscoito de amêndoas com frutas 57
Bolo colorido de frutas secas 55
Caldo de carne (brodo) 152
Caldo de frango (brodo) 153
Caldo de peixe (brodo) 154
Chá verde 90
Cheesecake com cobertura de morango 136
Congro ao molho de alcaparra 150
Cookies de aveia e canela 124
Creme de chocolate com castanha 78
Creme de kiwi 137
Creme gelado de uva 93
Escarola com carpaccio 36
Fettuccini ao molho de tomate assado e alho 83
Figo recheado com pasta de queijo e nozes 128
Filé com mostarda 80
Filé de frango recheado com espinafre 120
Filé de salmão ao molho de gergelim 39
Fondue de queijo 113
Frango ao molho de damasco 31

Frango com ervilhas verdes 74
Granola 69
Medalhões de filé com mozarela de búfala 73
Minestrone 44
Molho branco 151
Molho de chocolate 152
Mousse de ameixa e banana 103
Muffin de cenoura e linhaça 106
Muffin de maçã com ricota 33
Panqueca de aveia 23
Pão de abóbora e moranga 12
Pasta gratinada com tomate 85
Petit gâteau 143
Quiche de brócolis 91
Risoto de 7 cereais e lentilha 97
Rocambole de espinafre 110
Salada colors 71
Salada de frutas verdes 52
Salada Substância 48
Salmone alequino 40
Sanduíche canadense 133
Sanduíche pescatore 100
Sopa de cenoura e laranja 66
Spaguetti integral com cogumelos 19
Suco energético 68
Suco green 60
Sundae de mamão 117
Sundiet 147
Torta de ricota com passas 141
Vitamina com germe de trigo 17

Coleção **L&PM** POCKET

1. **Catálogo geral da Coleção**
2. **Poesias** – Fernando Pessoa
3. **O livro dos sonetos** – org. Sergio Faraco
4. **Hamlet** – Shakespeare / trad. Millôr
5. **Isadora, frag. autobiográficos** – Isadora Duncan
6. **Histórias sicilianas** – G. Lampedusa
7. **O relato de Arthur Gordon Pym** – Edgar A. Poe
8. **A mulher mais linda da cidade** – Bukowski
9. **O fim de Montezuma** – Hernan Cortez
10. **A ninfomania** – D. T. Bienville
11. **As aventuras de Robinson Crusoé** – D. Defoe
12. **Histórias de amor** – A. Bioy Casares
13. **Armadilha mortal** – Roberto Arlt
14. **Contos de fantasmas** – Daniel Defoe
15. **Os pintores cubistas** – G. Apollinaire
16. **A morte de Ivan Ilitch** – L.Tolstói
17. **A desobediência civil** – D. H. Thoreau
18. **Liberdade, liberdade** – F. Rangel e M. Fernandes
19. **Cem sonetos de amor** – Pablo Neruda
20. **Mulheres** – Eduardo Galeano
21. **Cartas a Théo** – Van Gogh
22. **Don Juan** – Molière / Trad. Millôr Fernandes
24. **Horla** – Guy de Maupassant
25. **O caso de Charles Dexter Ward** – Lovecraft
26. **Vathek** – William Beckford
27. **Hai-Kais** – Millôr Fernandes
28. **Adeus, minha adorada** – Raymond Chandler
29. **Cartas portuguesas** – Mariana Alcoforado
30. **A mensageira das violetas** – Florbela Espanca
31. **Espumas flutuantes** – Castro Alves
32. **Dom Casmurro** – Machado de Assis
34. **Alves & Cia.** – Eça de Queiroz
35. **Uma temporada no inferno** – A. Rimbaud
36. **A corresp. de Fradique Mendes** – Eça de Queiroz
38. **Antologia poética** – Olavo Bilac
39. **O rei Lear** – Shakespeare
40. **Memórias póstumas de Brás Cubas** – M. de Assis
41. **Que loucura!** – Woody Allen
42. **O duelo** – Casanova
44. **Gentidades** – Darcy Ribeiro
45. **Mem. de um Sarg. de Milícias** – M. A. de Almeida
46. **Os escravos** – Castro Alves
47. **O desejo pego pelo rabo** – Pablo Picasso
48. **Os inimigos** – Máximo Gorki
49. **O colar de veludo** – Alexandre Dumas
50. **Livro dos bichos** – Vários
51. **Quincas Borba** – Machado de Assis
53. **O exército de um homem só** – Moacyr Scliar
54. **Frankenstein** – Mary Shelley
55. **Dom Segundo Sombra** – Ricardo Güiraldes
56. **De vagões e vagabundos** – Jack London
57. **O homem bicentenário** – Isaac Asimov
58. **A viuvinha** – José de Alencar
59. **Livro das cortesãs** – org. de Sergio Faraco
60. **Últimos poemas** – Pablo Neruda
61. **A moreninha** – Joaquim Manuel de Macedo
62. **Cinco minutos** – José de Alencar
63. **Saber envelhecer e a amizade** – Cícero
64. **Enquanto a noite não chega** – J. Guimarães
65. **Tufão** – Joseph Conrad
66. **Aurélia** – Gérard de Nerval
67. **I-Juca-Pirama** – Gonçalves Dias
68. **Fábulas** – Esopo
69. **Teresa Filósofa** – Anônimo do Séc. XVIII
70. **Avent. inéditas de Sherlock Holmes** – A. C. Doyle
71. **Quintana de bolso** – Mario Quintana
72. **Antes e depois** – Paul Gauguin
73. **A morte de Olivier Bécaille** – Émile Zola
74. **Iracema** – José de Alencar
75. **Iaiá Garcia** – Machado de Assis
76. **Utopia** – Tomás Morus
77. **Sonetos para amar o amor** – Camões
78. **Carmem** – Prosper Mérimée
79. **Senhora** – José de Alencar
80. **Hagar, o horrível 1** – Dik Browne
81. **O coração das trevas** – Joseph Conrad
82. **Um estudo em vermelho** – Arthur Conan Doyle
83. **Todos os sonetos** – Augusto dos Anjos
84. **A propriedade é um roubo** – P.-J. Proudhon
85. **Drácula** – Bram Stoker
86. **O marido complacente** – Sade
87. **De profundis** – Oscar Wilde
88. **Sem plumas** – Woody Allen
89. **Os bruzundangas** – Lima Barreto
90. **O cão dos Baskervilles** – Arthur Conan Doyle
91. **Paraísos artificiais** – Charles Baudelaire
92. **Cândido, ou o otimismo** – Voltaire
93. **Triste fim de Policarpo Quaresma** – Lima Barreto
94. **Amor de perdição** – Camilo Castelo Branco
95. **A megera domada** – Shakespeare / trad. Millôr
96. **O mulato** – Aluísio Azevedo
97. **O alienista** – Machado de Assis
98. **O livro dos sonhos** – Jack Kerouac
99. **Noite na taverna** – Álvares de Azevedo
100. **Aura** – Carlos Fuentes
102. **Contos gauchescos e Lendas do sul** – Simões Lopes Neto
103. **O cortiço** – Aluísio Azevedo
104. **Marília de Dirceu** – T. A. Gonzaga
105. **O Primo Basílio** – Eça de Queiroz
106. **O ateneu** – Raul Pompéia
107. **Um escândalo na Boêmia** – Arthur Conan Doyle
108. **Contos** – Machado de Assis
109. **200 Sonetos** – Luis Vaz de Camões
110. **O príncipe** – Maquiavel
111. **A escrava Isaura** – Bernardo Guimarães
112. **O solteirão nobre** – Conan Doyle
114. **Shakespeare de A a Z** – Shakespeare
115. **A relíquia** – Eça de Queiroz
117. **Livro do corpo** – Vários
118. **Lira dos 20 anos** – Álvares de Azevedo
119. **Esaú e Jacó** – Machado de Assis
120. **A barcarola** – Pablo Neruda
121. **Os conquistadores** – Júlio Verne
122. **Contos breves** – G. Apollinaire
123. **Taipi** – Herman Melville

124. Livro dos desaforos – org. de Sergio Faraco
125. A mão e a luva – Machado de Assis
126. Doutor Miragem – Moacyr Scliar
127. O penitente – Isaac B. Singer
128. Diários da descoberta da América – C.Colombo
129. Édipo Rei – Sófocles
130. Romeu e Julieta – Shakespeare
131. Hollywood – Charles Bukowski
132. Billy the Kid – Pat Garrett
133. Cuca fundida – Woody Allen
134. O jogador – Dostoiévski
135. O livro da selva – Rudyard Kipling
136. O vale do terror – Arthur Conan Doyle
137. Dançar tango em Porto Alegre – S. Faraco
138. O gaúcho – Carlos Reverbel
139. A volta ao mundo em oitenta dias – J. Verne
140. O livro dos esnobes – W. M. Thackeray
141. Amor & morte em Poodle Springs – Raymond Chandler & R. Parker
142. As aventuras de David Balfour – Stevenson
143. Alice no país das maravilhas – Lewis Carroll
144. A ressurreição – Machado de Assis
145. Inimigos, uma história de amor – I. Singer
146. O Guarani – José de Alencar
147. A cidade e as serras – Eça de Queiroz
148. Eu e outras poesias – Augusto dos Anjos
149. A mulher de trinta anos – Balzac
150. Pomba enamorada – Lygia F. Telles
151. Contos fluminenses – Machado de Assis
152. Antes de Adão – Jack London
153. Intervalo amoroso – A.Romano de Sant'Anna
154. Memorial de Aires – Machado de Assis
155. Naufrágios e comentários – Cabeza de Vaca
156. Ubirajara – José de Alencar
157. Textos anarquistas – Bakunin
159. Amor de salvação – Camilo Castelo Branco
160. O gaúcho – José de Alencar
161. O livro das maravilhas – Marco Polo
162. Inocência – Visconde de Taunay
163. Helena – Machado de Assis
164. Uma estação de amor – Horácio Quiroga
165. Poesia reunida – Martha Medeiros
166. Memórias de Sherlock Holmes – Conan Doyle
167. A vida de Mozart – Stendhal
168. O primeiro terço – Neal Cassady
169. O mandarim – Eça de Queiroz
170. Um espinho de marfim – Marina Colasanti
171. A ilustre Casa de Ramires – Eça de Queiroz
172. Lucíola – José de Alencar
173. Antígona – Sófocles – trad. Donaldo Schüler
174. Otelo – William Shakespeare
175. Antologia – Gregório de Matos
176. A liberdade de imprensa – Karl Marx
177. Casa de pensão – Aluísio Azevedo
178. São Manuel Bueno, Mártir – Unamuno
179. Primaveras – Casimiro de Abreu
180. O noviço – Martins Pena
181. O sertanejo – José de Alencar
182. Eurico, o presbítero – Alexandre Herculano
183. O signo dos quatro – Conan Doyle
184. Sete anos no Tibet – Heinrich Harrer
185. Vagamundo – Eduardo Galeano
186. De repente acidentes – Carl Solomon
187. As minas de Salomão – Rider Haggar
188. Uivo – Allen Ginsberg
189. A ciclista solitária – Conan Doyle
190. Os seis bustos de Napoleão – Conan Doyle
191. Cortejo do divino – Nelida Piñon
194. Os crimes do amor – Marquês de Sade
195. Besame Mucho – Mário Prata
196. Tuareg – Alberto Vázquez-Figueroa
197. O longo adeus – Raymond Chandler
199. Notas de um velho safado – C. Bukowski
200. 111 ais – Dalton Trevisan
201. O nariz – Nicolai Gogol
202. O capote – Nicolai Gogol
203. Macbeth – William Shakespeare
204. Heráclito – Donaldo Schüler
205. Você deve desistir, Osvaldo – Cyro Martins
206. Memórias de Garibaldi – A. Dumas
207. A arte da guerra – Sun Tzu
208. Fragmentos – Caio Fernando Abreu
209. Festa no castelo – Moacyr Scliar
210. O grande deflorador – Dalton Trevisan
212. Homem do príncipio ao fim – Millôr Fernandes
213. Aline e seus dois namorados (1) – A. Iturrusgarai
214. A juba do leão – Sir Arthur Conan Doyle
215. Assassino metido a esperto – R. Chandler
216. Confissões de um comedor de ópio – T.De Quincey
217. Os sofrimentos do jovem Werther – Goethe
218. Fedra – Racine / Trad. Millôr Fernandes
219. O vampiro de Sussex – Conan Doyle
220. Sonho de uma noite de verão – Shakespeare
221. Dias e noites de amor e de guerra – Galeano
222. O Profeta – Khalil Gibran
223. Flávia, cabeça, tronco e membros – M. Fernandes
224. Guia da ópera – Jeanne Suhamy
225. Macário – Álvares de Azevedo
226. Etiqueta na prática – Celia Ribeiro
227. Manifesto do partido comunista – Marx & Engels
228. Poemas – Millôr Fernandes
229. Um inimigo do povo – Henrik Ibsen
230. O paraíso destruído – Frei B. de las Casas
231. O gato no escuro – Josué Guimarães
232. O mágico de Oz – L. Frank Baum
233. Armas no Cyrano's – Raymond Chandler
234. Max e os felinos – Moacyr Scliar
235. Nos céus de Paris – Alcy Cheuiche
236. Os bandoleiros – Schiller
237. A primeira coisa que eu botei na boca – Deonísio da Silva
238. As aventuras de Simbad, o marújo
239. O retrato de Dorian Gray – Oscar Wilde
240. A carteira de meu tio – J. Manuel de Macedo
241. A luneta mágica – J. Manuel de Macedo
242. A metamorfose – Kafka
243. A flecha de ouro – Joseph Conrad
244. A ilha do tesouro – R. L. Stevenson
245. Marx - Vida & Obra – José A. Giannotti
246. Gênesis
247. Unidos para sempre – Ruth Rendell
248. A arte de amar – Ovídio
249. O sono eterno – Raymond Chandler
250. Novas receitas do Anonymus Gourmet – J.A.P.M.

251. A nova catacumba – Arthur Conan Doyle
252. Dr. Negro – Arthur Conan Doyle
253. Os voluntários – Moacyr Scliar
254. A bela adormecida – Irmãos Grimm
255. O príncipe sapo – Irmãos Grimm
256. Confissões e Memórias – H. Heine
257. Viva o Alegrete – Sergio Faraco
258. Vou estar esperando – R. Chandler
259. A senhora Beate e seu filho – Schnitzler
260. O ovo apunhalado – Caio Fernando Abreu
261. O ciclo das águas – Moacyr Scliar
262. Millôr Definitivo – Millôr Fernandes
264. Viagem ao centro da Terra – Júlio Verne
265. A dama do lago – Raymond Chandler
266. Caninos brancos – Jack London
267. O médico e o monstro – R. L. Stevenson
268. A tempestade – William Shakespeare
269. Assassinatos na rua Morgue – E. Allan Poe
270. 99 corruíras nanicas – Dalton Trevisan
271. Broquéis – Cruz e Sousa
272. Mês de cães danados – Moacyr Scliar
273. Anarquistas – vol. 1 – A idéia – G. Woodcock
274. Anarquistas – vol. 2 – O movimento – G.Woodcock
275. Pai e filho, filho e pai – Moacyr Scliar
276. As aventuras de Tom Sawyer – Mark Twain
277. Muito barulho por nada – W. Shakespeare
278. Elogio da loucura – Erasmo
279. Autobiografia de Alice B. Toklas – G. Stein
280. O chamado da floresta – J. London
281. Uma agulha para o diabo – Ruth Rendell
282. Verdes vales do fim do mundo – A. Bivar
283. Ovelhas negras – Caio Fernando Abreu
284. O fantasma de Canterville – O. Wilde
285. Receitas de Yayá Ribeiro – Celia Ribeiro
286. A galinha degolada – H. Quiroga
287. O último adeus de Sherlock Holmes – A. Conan Doyle
288. A. Gourmet em Histórias de cama & mesa – J. A. Pinheiro Machado
289. Topless – Martha Medeiros
290. Mais receitas do Anonymous Gourmet – J. A. Pinheiro Machado
291. Origens do discurso democrático – D. Schüler
292. Humor politicamente incorreto – Nani
293. O teatro do bem e do mal – E. Galeano
294. Garibaldi & Manoela – J. Guimarães
295. 10 dias que abalaram o mundo – John Reed
296. Numa fria – Charles Bukowski
297. Poesia de Florbela Espanca vol. 1
298. Poesia de Florbela Espanca vol. 2
299. Escreva certo – E. Oliveira e M. E. Bernd
300. O vermelho e o negro – Stendhal
301. Ecce homo – Friedrich Nietzsche
302. (7). Comer bem, sem culpa – Dr. Fernando Lucchese, A. Gourmet e Iotti
303. O livro de Cesário Verde – Cesário Verde
305. 100 receitas de macarrão – S. Lancellotti
306. 160 receitas de molhos – S. Lancellotti
307. 100 receitas light – H. e Â. Tonetto
308. 100 receitas de sobremesas – Celia Ribeiro
309. Mais de 100 dicas de churrasco – Leon Diziekaniak
310. 100 receitas de acompanhamentos – C. Cabeda
311. Honra ou vendetta – S. Lancellotti
312. A alma do homem sob o socialismo – Oscar Wilde
313. Tudo sobre Yôga – Mestre De Rose
314. Os varões assinalados – Tabajara Ruas
315. Édipo em Colono – Sófocles
316. Lisistrata – Aristófanes / trad. Millôr
317. Sonhos de Bunker Hill – John Fante
318. Os deuses de Raquel – Moacyr Scliar
319. O colosso de Marússia – Henry Miller
320. As eruditas – Molière / trad. Millôr
321. Radicci 1 – Iotti
322. Os Sete contra Tebas – Ésquilo
323. Brasil Terra à vista – Eduardo Bueno
324. Radicci 2 – Iotti
325. Júlio César – William Shakespeare
326. A carta de Pero Vaz de Caminha
327. Cozinha Clássica – Sílvio Lancellotti
328. Madame Bovary – Gustave Flaubert
329. Dicionário do viajante insólito – M. Scliar
330. O capitão saiu para o almoço... – Bukowski
331. A carta roubada – Edgar Allan Poe
332. É tarde para saber – Josué Guimarães
333. O livro de bolso da Astrologia – Maggy Harrisonx e Mellina Li
334. 1933 foi um ano ruim – John Fante
335. 100 receitas de arroz – Aninha Comas
336. Guia prático do Português correto – vol. 1 – Cláudio Moreno
337. Bartleby, o escriturário – H. Melville
338. Enterrem meu coração na curva do rio – Dee Brown
339. Um conto de Natal – Charles Dickens
340. Cozinha sem segredos – J. A. P. Machado
341. A dama das Camélias – A. Dumas Filho
342. Alimentação saudável – H. e Â. Tonetto
343. Continhos galantes – Dalton Trevisan
344. A Divina Comédia – Dante Alighieri
345. A Dupla Sertanojo – Santiago
346. Cavalos do amanhecer – Mario Arregui
347. Biografia de Vincent van Gogh por sua cunhada – Jo van Gogh-Bonger
348. Radicci 3 – Iotti
349. Nada de novo no front – E. M. Remarque
350. A hora dos assassinos – Henry Miller
351. Flush - Memórias de um cão – Virginia Woolf
352. A guerra no Bom Fim – M. Scliar
353. (1). O caso Saint-Fiacre – Simenon
354. (2). Morte na alta sociedade – Simenon
355. (3). O cão amarelo – Simenon
356. (4). Maigret e o homem do banco – Simenon
357. As uvas e o vento – Pablo Neruda
358. On the road – Jack Kerouac
359. O coração amarelo – Pablo Neruda
360. Livro das perguntas – Pablo Neruda
361. Noite de Reis – William Shakespeare
362. Manual de Ecologia – vol.1 – J. Lutzenberger
363. O mais longo dos dias – Cornelius Ryan
364. Foi bom prá você? – Nani
365. Crepusculário – Pablo Neruda
366. A comédia dos erros – Shakespeare
367. (5). A primeira investigação de Maigret – Simenon

368(6).**As férias de Maigret** – Simenon
369.**Mate-me por favor (vol.1)** – L. McNeil
370.**Mate-me por favor (vol.2)** – L. McNeil
371.**Carta ao pai** – Kafka
372.**Os vagabundos iluminados** – J. Kerouac
373(7).**O enforcado** – Simenon
374(8).**A fúria de Maigret** – Simenon
375.**Vargas, uma biografia política** – H. Silva
376.**Poesia reunida (vol.1)** – A. R. de Sant'Anna
377.**Poesia reunida (vol.2)** – A. R. de Sant'Anna
378.**Alice no país do espelho** – Lewis Carroll
379.**Residência na Terra 1** – Pablo Neruda
380.**Residência na Terra 2** – Pablo Neruda
381.**Terceira Residência** – Pablo Neruda
382.**O delírio amoroso** – Bocage
383.**Futebol ao sol e à sombra** – E. Galeano
384(9).**O porto das brumas** – Simenon
385(10).**Maigret e seu morto** – Simenon
386.**Radicci 4** – Iotti
387.**Boas maneiras & sucesso nos negócios** – Celia Ribeiro
388.**Uma história Farroupilha** – M. Scliar
389.**Na mesa ninguém envelhece** – J. A. P. Machado
390.**200 receitas inéditas do Anonymus Gourmet** – J. A. Pinheiro Machado
391.**Guia prático do Português correto – vol.2** – Cláudio Moreno
392.**Breviário das terras do Brasil** – Assis Brasil
393.**Cantos Cerimoniais** – Pablo Neruda
394.**Jardim de Inverno** – Pablo Neruda
395.**Antonio e Cleópatra** – William Shakespeare
396.**Tróia** – Cláudio Moreno
397.**Meu tio matou um cara** – Jorge Furtado
398.**O anatomista** – Federico Andahazi
399.**As viagens de Gulliver** – Jonathan Swift
400.**Dom Quixote** – (v. 1) – Miguel de Cervantes
401.**Dom Quixote** – (v. 2) – Miguel de Cervantes
402.**Sozinho no Pólo Norte** – Thomaz Brandolini
403.**Matadouro 5** – Kurt Vonnegut
404.**Delta de Vênus** – Anaïs Nin
405.**O melhor de Hagar 2** – Dik Browne
406.**É grave Doutor?** – Nani
407.**Orai pornô** – Nani
408(11).**Maigret em Nova York** – Simenon
409(12).**O assassino sem rosto** – Simenon
410(13).**O mistério das jóias roubadas** – Simenon
411.**A irmãzinha** – Raymond Chandler
412.**Três contos** – Gustave Flaubert
413.**De ratos e homens** – John Steinbeck
414.**Lazarilho de Tormes** – Anônimo do séc. XVI
415.**Triângulo das águas** – Caio Fernando Abreu
416.**100 receitas de carnes** – Sílvio Lancellotti
417.**Histórias de robôs:** vol. 1 – org. Isaac Asimov
418.**Histórias de robôs:** vol. 2 – org. Isaac Asimov
419.**Histórias de robôs:** vol. 3 – org. Isaac Asimov
420.**O país dos centauros** – Tabajara Ruas
421.**A república de Anita** – Tabajara Ruas
422.**A carga dos lanceiros** – Tabajara Ruas
423.**Um amigo de Kafka** – Isaac Singer
424.**As alegres matronas de Windsor** – Shakespeare
425.**Amor e exílio** – Isaac Bashevis Singer
426.**Use & abuse do seu signo** – Marília Fiorillo e Marylou Simonsen
427.**Pigmaleão** – Bernard Shaw
428.**As fenícias** – Eurípides
429.**Everest** – Thomaz Brandolini
430.**A arte de furtar** – Anônimo do séc. XVI
431.**Billy Bud** – Herman Melville
432.**A rosa separada** – Pablo Neruda
433.**Elegia** – Pablo Neruda
434.**A garota de Cassidy** – David Goodis
435.**Como fazer a guerra: máximas de Napoleão** – Balzac
436.**Poemas escolhidos** – Emily Dickinson
437.**Gracias por el fuego** – Mario Benedetti
438.**O sofá** – Crébillon Fils
439.**O "Martín Fierro"** – Jorge Luis Borges
440.**Trabalhos de amor perdidos** – W. Shakespeare
441.**O melhor de Hagar 3** – Dik Browne
442.**Os Maias (volume1)** – Eça de Queiroz
443.**Os Maias (volume2)** – Eça de Queiroz
444.**Anti-Justine** – Restif de La Bretonne
445.**Juventude** – Joseph Conrad
446.**Contos** – Eça de Queiroz
447.**Janela para a morte** – Raymond Chandler
448.**Um amor de Swann** – Marcel Proust
449.**À paz perpétua** – Immanuel Kant
450.**A conquista do México** – Hernan Cortez
451.**Defeitos escolhidos e 2000** – Pablo Neruda
452.**O casamento do céu e do inferno** – William Blake
453.**A primeira viagem ao redor do mundo** – Antonio Pigafetta
454(14).**Uma sombra na janela** – Simenon
455(15).**A noite da encruzilhada** – Simenon
456(16).**A velha senhora** – Simenon
457.**Sartre** – Annie Cohen-Solal
458.**Discurso do método** – René Descartes
459.**Garfield em grande forma (1)** – Jim Davis
460.**Garfield está de dieta (2)** – Jim Davis
461.**O livro das feras** – Patricia Highsmith
462.**Viajante solitário** – Jack Kerouac
463.**Auto da barca do inferno** – Gil Vicente
464.**O livro vermelho dos pensamentos de Millôr** – Millôr Fernandes
465.**O livro dos abraços** – Eduardo Galeano
466.**Voltaremos!** – José Antonio Pinheiro Machado
467.**Rango** – Edgar Vasques
468(8).**Dieta mediterrânea** – Dr. Fernando Lucchese e José Antonio Pinheiro Machado
469.**Radicci 5** – Iotti
470.**Pequenos pássaros** – Anaïs Nin
471.**Guia prático do Português correto – vol.3** – Cláudio Moreno
472.**Atire no pianista** – David Goodis
473.**Antologia Poética** – García Lorca
474.**Alexandre e César** – Plutarco
475.**Uma espiã na casa do amor** – Anaïs Nin
476.**A gorda do Tiki Bar** – Dalton Trevisan
477.**Garfield um gato de peso (3)** – Jim Davis
478.**Canibais** – David Coimbra
479.**A arte de escrever** – Arthur Schopenhauer
480.**Pinóquio** – Carlo Collodi
481.**Misto-quente** – Charles Bukowski
482.**A lua na sarjeta** – David Goodis
483.**O melhor do Recruta Zero (1)** – Mort Walker

484. **Aline: TPM – tensão pré-monstrual (2)** – Adão Iturrusgarai
485. **Sermões do Padre Antonio Vieira**
486. **Garfield numa boa (4)** – Jim Davis
487. **Mensagem** – Fernando Pessoa
488. **Vendeta** *seguido de* **A paz conjugal** – Balzac
489. **Poemas de Alberto Caeiro** – Fernando Pessoa
490. **Ferragus** – Honoré de Balzac
491. **A duquesa de Langeais** – Honoré de Balzac
492. **A menina dos olhos de ouro** – Honoré de Balzac
493. **O lírio do vale** – Honoré de Balzac
494(17). **A barcaça da morte** – Simenon
495(18). **As testemunhas rebeldes** – Simenon
496(19). **Um engano de Maigret** – Simenon
497(1). **A noite das bruxas** – Agatha Christie
498(2). **Um passe de mágica** – Agatha Christie
499(3). **Nêmesis** – Agatha Christie
500. **Esboço para uma teoria das emoções** – Sartre
501. **Renda básica de cidadania** – Eduardo Suplicy
502(1). **Pílulas para viver melhor** – Dr. Lucchese
503(2). **Pílulas para prolongar a juventude** – Dr. Lucchese
504(3). **Desembarcando o diabetes** – Dr. Lucchese
505(4). **Desembarcando o sedentarismo** – Dr. Fernando Lucchese e Cláudio Castro
506(5). **Desembarcando a hipertensão** – Dr. Lucchese
507(6). **Desembarcando o colesterol** – Dr. Fernando Lucchese e Fernanda Lucchese
508. **Estudos de mulher** – Balzac
509. **O terreiro tira** – Flann O'Brien
510. **100 receitas de aves e ovos** – J. A. P. Machado
511. **Garfield em toneladas de diversão (5)** – Jim Davis
512. **Trem-bala** – Martha Medeiros
513. **Os cães ladram** – Truman Capote
514. **O Kama Sutra de Vatsyayana**
515. **O crime do Padre Amaro** – Eça de Queiroz
516. **Odes de Ricardo Reis** – Fernando Pessoa
517. **O inverno da nossa desesperança** – Steinbeck
518. **Piratas do Tietê (1)** – Laerte
519. **Rê Bordosa: do começo ao fim** – Angeli
520. **O Harlem é escuro** – Chester Himes
521. **Café-da-manhã dos campeões** – Kurt Vonnegut
522. **Eugénie Grandet** – Balzac
523. **O último magnata** – F. Scott Fitzgerald
524. **Carol** – Patricia Highsmith
525. **100 receitas de patisseria** – Sílvio Lancellotti
526. **O fator humano** – Graham Greene
527. **Tristessa** – Jack Kerouac
528. **O diamante do tamanho do Ritz** – S. Fitzgerald
529. **As melhores histórias de Sherlock Holmes** – Arthur Conan Doyle
530. **Cartas a um jovem poeta** – Rilke
531(20). **Memórias de Maigret** – Simenon
532(4). **O misterioso sr. Quin** – Agatha Christie
533. **Os analectos** – Confúcio
534(21). **Maigret e os homens de bem** – Simenon
535(22). **O medo de Maigret** – Simenon
536. **Ascensão e queda de César Birotteau** – Balzac
537. **Sexta-feira negra** – David Goodis
538. **Ora bolas – O humor de Mario Quintana** – Juarez Fonseca
539. **Longe daqui aqui mesmo** – Antonio Bivar
540(5). **É fácil matar** – Agatha Christie
541. **O pai Goriot** – Balzac
542. **Brasil, um país do futuro** – Stefan Zweig
543. **O processo** – Kafka
544. **O melhor de Hagar 4** – Dik Browne
545(6). **Por que não pediram a Evans?** – Agatha Christie
546. **Fanny Hill** – John Cleland
547. **O gato por dentro** – William S. Burroughs
548. **Sobre a brevidade da vida** – Sêneca
549. **Geraldão (1)** – Glauco
550. **Piratas do Tietê (2)** – Laerte
551. **Pagando o pato** – Ciça
552. **Garfield de bom humor (6)** – Jim Davis
553. **Conhece o Mário?** vol.1 – Santiago
554. **Radicci 6** – Iotti
555. **Os subterrâneos** – Jack Kerouac
556(1). **Balzac** – François Taillandier
557(2). **Modigliani** – Christian Parisot
558(3). **Kafka** – Gérard-Georges Lemaire
559(4). **Júlio César** – Joël Schmidt
560. **Receitas da família** – J. A. Pinheiro Machado
561. **Boas maneiras à mesa** – Celia Ribeiro
562(9). **Filhos sadios, pais felizes** – R. Pagnoncelli
563(10). **Fatos & mitos** – Dr. Fernando Lucchese
564. **Ménage à trois** – Paula Taitelbaum
565. **Mulheres!** – David Coimbra
566. **Poemas de Álvaro de Campos** – Fernando Pessoa
567. **Medo e outras histórias** – Stefan Zweig
568. **Snoopy e sua turma (1)** – Schulz
569. **Piadas para sempre (1)** – Visconde da Casa Verde
570. **O alvo móvel** – Ross Macdonald
571. **O melhor do Recruta Zero (2)** – Mort Walker
572. **Um sonho americano** – Norman Mailer
573. **Os broncos também amam** – Angeli
574. **Crônica de um amor louco** – Bukowski
575(5). **Freud** – René Major e Chantal Talagrand
576(6). **Picasso** – Gilles Plazy
577(7). **Gandhi** – Christine Jordis
578. **A tumba** – H. P. Lovecraft
579. **O príncipe e o mendigo** – Mark Twain
580. **Garfield, um charme de gato (7)** – Jim Davis
581. **Ilusões perdidas** – Balzac
582. **Esplendores e misérias das cortesãs** – Balzac
583. **Walter Ego** – Angeli
584. **Striptiras (1)** – Laerte
585. **Fagundes: um puxa-saco de mão cheia** – Laerte
586. **Depois do último trem** – Josué Guimarães
587. **Ricardo III** – Shakespeare
588. **Dona Anja** – Josué Guimarães
589. **24 horas na vida de uma mulher** – Stefan Zweig
590. **O terceiro homem** – Graham Greene
591. **Mulher no escuro** – Dashiell Hammett
592. **No que acredito** – Bertrand Russell
593. **Odisséia (1): Telemaquia** – Homero
594. **O cavalo cego** – Josué Guimarães
595. **Henrique V** – Shakespeare
596. **Fabulário geral do delírio cotidiano** – Bukowski
597. **Tiros na noite 1: A mulher do bandido** – Dashiell Hammett
598. **Snoopy em Feliz Dia dos Namorados! (2)** – Schulz
599. **Mas não se matam cavalos?** – Horace McCoy
600. **Crime e castigo** – Dostoiévski

601(7).**Mistério no Caribe** – Agatha Christie
602.**Odisséia (2): Regresso** – Homero
603.**Piadas para sempre (2)** – Visconde da Casa Verde
604.**À sombra do vulcão** – Malcolm Lowry
605(8).**Kerouac** – Yves Buin
606.**E agora são cinzas** – Angeli
607.**As mil e uma noites** – Paulo Caruso
608.**Um assassino entre nós** – Ruth Rendell
609.**Crack-up** – F. Scott Fitzgerald
610.**Do amor** – Stendhal
611.**Cartas do Yage** – William Burroughs e Allen Ginsberg
612.**Striptiras (2)** – Laerte
613.**Henry & June** – Anaïs Nin
614.**A piscina mortal** – Ross Macdonald
615.**Geraldão (2)** – Glauco
616.**Tempo de delicadeza** – A. R. de Sant'Anna
617.**Tiros na noite 2: Medo de tiro** – Dashiell Hammett
618.**Snoopy em Assim é a vida, Charlie Brown! (3)** – Schulz
619.**1954 – Um tiro no coração** – Hélio Silva
620.**Sobre a inspiração poética (Íon) e ...** – Platão
621.**Garfield e seus amigos (8)** – Jim Davis
622.**Odisséia (3): Ítaca** – Homero
623.**A louca matança** – Chester Himes
624.**Factótum** – Charles Bukowski
625.**Guerra e Paz: volume 1** – Tolstói
626.**Guerra e Paz: volume 2** – Tolstói
627.**Guerra e Paz: volume 3** – Tolstói
628.**Guerra e Paz: volume 4** – Tolstói
629(9).**Shakespeare** – Claude Mourthé
630.**Bem está o que bem acaba** – Shakespeare
631.**O contrato social** – Rousseau
632.**Geração Beat** – Jack Kerouac
633.**Snoopy: É Natal! (4)** – Charles Schulz
634(8).**Testemunha da acusação** – Agatha Christie
635.**Um elefante no caos** – Millôr Fernandes
636.**Guia de leitura (100 autores que você precisa ler)** – Organização de Léa Masina
637.**Pistoleiros também mandam flores** – David Coimbra
638.**O prazer das palavras** – vol. 1 – Cláudio Moreno
639.**O prazer das palavras** – vol. 2 – Cláudio Moreno
640.**Novíssimo testamento: com Deus e o diabo, a dupla da criação** – Iotti
641.**Literatura Brasileira: modos de usar** – Luís Augusto Fischer
642.**Dicionário de Porto-Alegrês** – Luís A. Fischer
643.**Clô Dias & Noites** – Sérgio Jockymann
644.**Memorial de Isla Negra** – Pablo Neruda
645.**Um homem extraordinário e outras histórias** – Tchékhov
646.**Ana sem terra** – Alcy Cheuiche
647.**Adultérios** – Woody Allen
648.**Para sempre ou nunca mais** – R. Chandler
649.**Nosso homem em Havana** – Graham Greene
650.**Dicionário Caldas Aulete de Bolso**
651.**Snoopy: Posso fazer uma pergunta, professora? (5)** – Charles Schulz
652(10).**Luís XVI** – Bernard Vincent
653.**O mercador de Veneza** – Shakespeare
654.**Cancioneiro** – Fernando Pessoa
655.**Non-Stop** – Martha Medeiros
656.**Carpinteiros, levantem bem alto a cumeeira & Seymour, uma apresentação** – J.D.Salinger
657.**Ensaios céticos** – Bertrand Russell
658.**O melhor de Hagar 5** – Dik e Chris Browne
659.**Primeiro amor** – Ivan Turguêniev
660.**A trégua** – Mario Benedetti
661.**Um parque de diversões da cabeça** – Lawrence Ferlinghetti
662.**Aprendendo a viver** – Sêneca
663.**Garfield, um gato em apuros (9)** – Jim Davis
664.**Dilbert 1** – Scott Adams
665.**Dicionário de dificuldades** – Domingos Paschoal Cegalla
666.**A imaginação** – Jean-Paul Sartre
667.**O ladrão e os cães** – Naguib Mahfuz
668.**Gramática do português contemporâneo** – Celso Cunha
669.**A volta do parafuso** seguido de **Daisy Miller** – Henry James
670.**Notas do subsolo** – Dostoiévski
671.**Abobrinhas da Brasilônia** – Glauco
672.**Geraldão (3)** – Glauco
673.**Piadas para sempre (3)** – Visconde da Casa Verde
674.**Duas viagens ao Brasil** – Hans Staden
675.**Bandeira de bolso** – Manuel Bandeira
676.**A arte da guerra** – Maquiavel
677.**Além do bem e do mal** – Nietzsche
678.**O coronel Chabert** seguido de **A mulher abandonada** – Balzac
679.**O sorriso de marfim** – Ross Macdonald
680.**100 receitas de pescados** – Sílvio Lancellotti
681.**O juiz e seu carrasco** – Friedrich Dürrenmatt
682.**Noites brancas** – Dostoiévski
683.**Quadras ao gosto popular** – Fernando Pessoa
684.**Romanceiro da Inconfidência** – Cecília Meireles
685.**Kaos** – Millôr Fernandes
686.**A pele de onagro** – Balzac
687.**As ligações perigosas** – Choderlos de Laclos
688.**Dicionário de matemática** – Luiz Fernandes Cardoso
689.**Os Lusíadas** – Luís Vaz de Camões
690(11).**Átila** – Éric Deschodt
691.**Um jeito tranqüilo de matar** – Chester Himes
692.**A felicidade conjugal** seguido de **O diabo** – Tolstói
693.**Viagem de um naturalista ao redor do mundo** – vol. 1 – Charles Darwin
694.**Viagem de um naturalista ao redor do mundo** – vol. 2 – Charles Darwin
695.**Memórias da casa dos mortos** – Dostoiévski
696.**A Celestina** – Fernando de Rojas
697.**Snoopy: Como você é azarado, Charlie Brown! (6)** – Charles Schulz
698.**Dez (quase) amores** – Claudia Tajes
699(9).**Poirot sempre espera** – Agatha Christie
700.**Cecília de bolso** – Cecília Meireles
701.**Apologia de Sócrates** precedido de **Êutifron e** seguido de **Críton** – Platão
702.**Wood & Stock** – Angeli
703.**Striptiras (3)** – Laerte

704. **Discurso sobre a origem e os fundamentos da desigualdade entre os homens** – Rousseau
705. **Os duelistas** – Joseph Conrad
706. **Dilbert (2)** – Scott Adams
707. **Viver e escrever** (vol. 1) – Edla van Steen
708. **Viver e escrever** (vol. 2) – Edla van Steen
709. **Viver e escrever** (vol. 3) – Edla van Steen
710. (10) **A teia da aranha** – Agatha Christie
711. **O banquete** – Platão
712. **Os belos e malditos** – F. Scott Fitzgerald
713. **Libelo contra a arte moderna** – Salvador Dalí
714. **Akropolis** – Valerio Massimo Manfredi
715. **Devoradores de mortos** – Michael Crichton
716. **Sob o sol da Toscana** – Frances Mayes
717. **Batom na cueca** – Nani
718. **Vida dura** – Claudia Tajes
719. **Carne trêmula** – Ruth Rendell
720. **Cris, a fera** – David Coimbra
721. **O anticristo** – Nietzsche
722. **Como um romance** – Daniel Pennac
723. **Emboscada no Forte Bragg** – Tom Wolfe
724. **Assédio sexual** – Michael Crichton
725. **O espírito do Zen** – Alan W. Watts
726. **Um bonde chamado desejo** – Tennessee Williams
727. **Como gostais** *seguido de* **Conto de inverno** – Shakespeare
728. **Tratado sobre a tolerância** – Voltaire
729. **Snoopy: Doces ou travessuras? (7)** – Charles Schulz
730. **Cardápios do Anonymus Gourmet** – J.A. Pinheiro Machado
731. **100 receitas com lata** – J.A. Pinheiro Machado
732. **Conhece o Mário?** vol.2 – Santiago
733. **Dilbert (3)** – Scott Adams
734. **História de um louco amor** *seguido de* **Passado amor** – Horacio Quiroga
735. (11). **Sexo: muito prazer** – Laura Meyer da Silva
736. (12). **Para entender o adolescente** – Dr. Ronald Pagnoncelli
737. (13). **Desembarcando a tristeza** – Dr. Fernando Lucchese
738. **Poirot e o mistério da arca espanhola & outras histórias** – Agatha Christie
739. **A última legião** – Valerio Massimo Manfredi
740. **As virgens suicidas** – Jeffrey Eugenides
741. **Sol nascente** – Michael Crichton
742. **Duzentos ladrões** – Dalton Trevisan
743. **Os devaneios do caminhante solitário** – Rousseau
744. **Garfield, o rei da preguiça (10)** – Jim Davis
745. **Os magnatas** – Charles R. Morris
746. **Pulp** – Charles Bukowski
747. **Enquanto agonizo** – William Faulkner
748. **Aline: viciada em sexo (3)** – Adão Iturrusgarai
749. **A dama do cachorrinho** – Anton Tchékhov
750. **Tito Andrônico** – Shakespeare
751. **Antologia poética** – Anna Akhmátova
752. **O melhor de Hagar 6** – Dik e Chris Browne
753. (12). **Michelangelo** – Nadine Sautel
754. **Dilbert (4)** – Scott Adams
755. **O jardim das cerejeiras** *seguido de* **Tio Vânia** – Tchékhov
756. **Geração Beat** – Claudio Willer
757. **Santos Dumont** – Alcy Cheuiche
758. **Budismo** – Claude B. Levenson
759. **Cleópatra** – Christian-Georges Schwentzel
760. **Revolução Francesa** – Frédéric Bluche, Stéphane Rials e Jean Tulard
761. **A crise de 1929** – Bernard Gazier
762. **Sigmund Freud** – Edson Sousa e Paulo Endo
763. **Império Romano** – Patrick Le Roux
764. **Cruzadas** – Cécile Morrisson
765. **O mistério do Trem Azul** – Agatha Christie
766. **Os escrúpulos de Maigret** – Simenon
767. **Maigret se diverte** – Simenon
768. **Senso comum** – Thomas Paine
769. **O parque dos dinossauros** – Michael Crichton
770. **Trilogia da paixão** – Goethe
771. **A simples arte de matar** (vol.1) – R. Chandler
772. **A simples arte de matar** (vol.2) – R. Chandler
773. **Snoopy: No mundo da lua! (8)** – Charles Schulz
774. **Os Quatro Grandes** – Agatha Christie
775. **Um brinde de cianureto** – Agatha Christie
776. **Súplicas atendidas** – Truman Capote
777. **Ainda restam aveleiras** – Simenon
778. **Maigret e o ladrão preguiçoso** – Simenon
779. **A viúva imortal** – Millôr Fernandes
780. **Cabala** – Roland Goetschel
781. **Capitalismo** – Claude Jessua
782. **Mitologia grega** – Pierre Grimal
783. **Economia: 100 palavras-chave** – Jean-Paul Betbèze
784. **Marxismo** – Henri Lefebvre
785. **Punição para a inocência** – Agatha Christie
786. **A extravagância do morto** – Agatha Christie
787. (13). **Cézanne** – Bernard Fauconnier
788. **A identidade Bourne** – Robert Ludlum
789. **Da tranquilidade da alma** – Sêneca
790. **Um artista da fome** *seguido de* **Na colônia penal e outras histórias** – Kafka
791. **Histórias de fantasmas** – Charles Dickens
792. **A louca de Maigret** – Simenon
793. **O amigo de infância de Maigret** – Simenon
794. **O revólver de Maigret** – Simenon
795. **A fuga do sr. Monde** – Simenon
796. **O Uraguai** – Basílio da Gama
797. **A mão misteriosa** – Agatha Christie
798. **Testemunha ocular do crime** – Agatha Christie
799. **Crepúsculo dos ídolos** – Friedrich Nietzsche
800. **Maigret e o negociante de vinhos** – Simemon
801. **Maigret e o mendigo** – Simenon
802. **O grande golpe** – Dashiell Hammett
803. **Humor barra pesada** – Nani
804. **Vinho** – Jean-François Gautier
805. **Egito Antigo** – Sophie Desplancques
806. (14). **Baudelaire** – Jean-Baptiste Baronian
807. **Caminho da sabedoria, caminho da paz** – Dalai Lama e Felizitas von Schönborn
808. **Senhor e servo e outras histórias** – Tolstói
809. **Os cadernos de Malte Laurids Brigge** – Rilke
810. **Dilbert (5)** – Scott Adams
811. **Big Sur** – Jack Kerouac
812. **Seguindo a correnteza** – Agatha Christie
813. **O álibi** – Sandra Brown
814. **Montanha-russa** – Martha Medeiros
815. **Coisas da vida** – Martha Medeiros

816. **A cantada infalível** *seguido de* **A mulher do centroavante** – David Coimbra
817. **Maigret e os crimes do cais** – Simenon
818. **Sinal vermelho** – Simenon
819. **Snoopy: Pausa para a soneca (9)** – Charles Schulz
820. **De pernas pro ar** – Eduardo Galeano
821. **Tragédias gregas** – Pascal Thiercy
822. **Existencialismo** – Jacques Colette
823. **Nietzsche** – Jean Granier
824. **Amar ou depender?** – Walter Riso
825. **Darmapada: A doutrina budista em versos**
826. **J'Accuse...! – a verdade em marcha** – Zola
827. **Os crimes ABC** – Agatha Christie
828. **Um gato entre os pombos** – Agatha Christie
829. **Maigret e o sumiço do sr. Charles** – Simenon
830. **Maigret e a morte do jogador** – Simenon
831. **Dicionário de teatro** – Luiz Paulo Vasconcellos
832. **Cartas extraviadas** – Martha Medeiros
833. **A longa viagem de prazer** – J. J. Morosoli
834. **Receitas fáceis** – J. A. Pinheiro Machado
835. (14).**Mais fatos & mitos** – Dr. Fernando Lucchese
836. (15).**Boa viagem!** – Dr. Fernando Lucchese
837. **Aline: Finalmente nua!!!** (4) – Adão Iturrusgarai
838. **Mônica tem uma novidade!** – Mauricio de Sousa
839. **Cebolinha em apuros!** – Mauricio de Sousa
840. **Sócios no crime** – Agatha Christie
841. **Bocas do tempo** – Eduardo Galeano
842. **Orgulho e preconceito** – Jane Austen
843. **Impressionismo** – Dominique Lobstein
844. **Escrita chinesa** – Viviane Alleton
845. **Paris: uma história** – Yvan Combeau
846. (15).**Van Gogh** – David Haziot
847. **Maigret e o corpo sem cabeça** – Simenon
848. **Portal do destino** – Agatha Christie
849. **O futuro de uma ilusão** – Freud
850. **O mal-estar na cultura** – Freud
851. **Maigret e o matador** – Simenon
852. **Maigret e o fantasma** – Simenon
853. **Um crime adormecido** – Agatha Christie
854. **Satori em Paris** – Jack Kerouac
855. **Medo e delírio em Las Vegas** – Hunter Thompson
856. **Um negócio fracassado e outros contos de humor** – Tchékhov
857. **Mônica está de férias!** – Mauricio de Sousa
858. **De quem é esse coelho?** – Mauricio de Sousa
859. **O burgomestre de Furnes** – Simenon
860. **O mistério Sittaford** – Agatha Christie
861. **Manhã transfigurada** – Luiz Antonio de Assis Brasil
862. **Alexandre, o Grande** – Pierre Briant
863. **Jesus** – Charles Perrot
864. **Islã** – Paul Balta
865. **Guerra da Secessão** – Farid Ameur

SÉRIE L&PM POCKET **PLUS**

24 horas na vida de uma mulher – Stefan Zweig
Alves & Cia. – Eça de Queiroz
À paz perpétua – Immanuel Kant
As melhores histórias de Sherlock Holmes – Arthur Conan Doyle
Bartleby, o escriturário – Herman Melville
Cartas a um jovem poeta – Rainer Maria Rilke
Cartas portuguesas – Mariana Alcoforado
Cartas do Yage – William Burroughs e Allen Ginsberg
Continhos galantes – Dalton Trevisan
Dr. Negro e outras histórias de terror – Arthur Conan Doyle
Esboço para uma teoria das emoções – Jean-Paul Sartre
Juventude – Joseph Conrad
Libelo contra a arte moderna – Salvador Dalí
Liberdade, liberdade – Millôr Fernandes e Flávio Rangel
Mulher no escuro – Dashiell Hammett
No que acredito – Bertrand Russell
Noites brancas – Fiódor Dostoiévski
O casamento do céu e do inferno – William Blake
O coronel Chabert seguido de *A mulher abandonada* – Balzac
O diamante do tamanho do Ritz – F. Scott Fitzgerald
O gato por dentro – William S. Burroughs
O juiz e seu carrasco – Friedrich Dürrenmatt
O teatro do bem e do mal – Eduardo Galeano
O terceiro homem – Graham Greene
Poemas escolhidos – Emily Dickinson
Primeiro amor – Ivan Turguêniev
Senhor e servo e outras histórias – Tolstói
Sobre a brevidade da vida – Sêneca
Sobre a inspiração poética & Sobre a mentira – Platão
Sonetos para amar o amor – Luís Vaz de Camões
Trabalhos de amor perdidos – William Shakespeare
Tristessa – Jack Kerouac
Uma temporada no inferno – Arthur Rimbaud
Vathek – William Beckford

Livros de Agatha Christie na Coleção **L&PM** POCKET:

Assassinato na casa do pastor
Um brinde de cianureto
Um crime adormecido
Os crimes ABC
Depois do funeral
É fácil matar
E no final a morte
A extravagância do morto
Um gato entre os pombos
A mão misteriosa
O mistério do Trem Azul
Mistério no Caribe
O mistério Sittaford
O misterioso sr. Quin
Nêmesis
A noite das bruxas
Um passe de mágica
Poirot e o mistério da arca espanhola e outras histórias
Poirot perde uma cliente
Poirot sempre espera e outras histórias
Por que não pediram a Evans?
Portal do destino
Punição para a inocência
Os Quatro Grandes
Seguindo a correnteza
Sócios no crime
A teia da aranha
Testemunha da acusação e outras peças
Testemunha ocular do crime
Os trabalhos de Hércules